刑法的合宪性解释研究

张 潲 ◎ 著

知识产权出版社
全国百佳图书出版单位
—北京—

图书在版编目（CIP）数据

刑法的合宪性解释研究／张澍著. -- 北京：知识产权出版社，

2025.7. -- ISBN 978 - 7 - 5245 - 0009 - 4

Ⅰ. D924.05

中国国家版本馆 CIP 数据核字第 2025DS0229 号

责任编辑：杨　帆　　　　　　　　　责任校对：谷　洋
封面设计：乾达文化　　　　　　　　责任印制：孙婷婷

刑法的合宪性解释研究

张　澍　著

出版发行：	知识产权出版社有限责任公司	网　　址：	http://www.ipph.cn
社　　址：	北京市海淀区气象路 50 号院	邮　　编：	100081
责编电话：	010 - 82000860 转 8173	责编邮箱：	2632258269@qq.com
发行电话：	010 - 82000860 转 8101/8102	发行传真：	010 - 82000893/82005070/82000270
印　　刷：	北京建宏印刷有限公司	经　　销：	新华书店、各大网上书店及相关专业书店
开　　本：	880mm×1230mm　1/32	印　　张：	7.875
版　　次：	2025 年 7 月第 1 版	印　　次：	2025 年 7 月第 1 次印刷
字　　数：	170 千字	定　　价：	68.00 元

ISBN 978 - 7 - 5245 - 0009 - 4

本书出版受河南理工大学人文社会科学研究基金项目
"刑法的合宪性解释研究"（SKB2024-12）的资助

目 录

CONTENTS

导　　论 ‖ **001**

一、研究背景 / 001

二、研究意义 / 003

三、文献综述 / 005

四、研究方案 / 012

第一章　刑法合宪性解释概述 ‖ **015**

第一节　刑法合宪性解释的概念 / 016

一、刑法合宪性解释的概念争议 / 016

二、刑法合宪性解释的概念界定 / 020

第二节　域外刑法合宪性解释的沿革考察 / 025

一、德国：合宪性解释的开创者 / 025

二、日本：受到重视的合宪性限定解释 / 028

三、美国："宪法回避原则"的普遍适用 / 031

四、域外国家刑法合宪性解释的启示 / 035

第三节　刑法合宪性解释的正当根据 / 038

一、刑法合宪性解释的正当根据争论 / 038

二、理论根据：落实法秩序一致性的要求 / 044

三、社会根据：合理应对风险社会的需求 / 049

第二章 刑法合宪性解释的适用困境与成因 ‖ 055

第一节 刑法合宪性解释的适用困境 / 055

一、司法机关的刑法合宪性解释尝试 / 055

二、刑法合宪性解释适用困境的表现 / 060

第二节 刑法合宪性解释的适用困境成因 / 068

一、体系定位不准确 / 068

二、合宪标准不适当 / 071

三、具体运用不合理 / 073

第三章 刑法合宪性解释的体系定位 ‖ 077

第一节 刑法合宪性解释的体系定位争议 / 077

一、非独立刑法解释方法说 / 078

二、独立刑法解释方法说 / 081

第二节 非独立刑法解释方法说的批驳 / 083

一、宪法解释说之反思 / 083

二、刑法解释原则或限度说之反驳 / 085

三、体系解释与目的解释定位之检讨 / 090

第三节 独立刑法解释方法说之提倡 / 093

一、刑法合宪性解释能够提供独特的解释理由 / 094

二、刑法合宪性解释参与解释结论的最终形成 / 097

三、刑法合宪性解释处于特殊的解释位阶 / 098

第四章　刑法合宪性解释的合宪标准 ‖ **103**

　第一节　刑法合宪性解释合宪标准述评 / 103

　　一、德国的比例原则标准说 / 104

　　二、美国的三重基准说 / 106

　　三、我国的宪法规范说 / 107

　第二节　既存刑法合宪性解释合宪标准之不足 / 110

　　一、既存合宪标准欠缺全面性和针对性 / 110

　　二、既存合宪标准的可操作性仍有不足 / 112

　　三、既存合宪标准欠缺实体法依据 / 114

　第三节　综合性合宪标准之提倡 / 118

　　一、综合性合宪标准的内涵 / 118

　　二、综合性合宪标准的优势 / 120

第五章　刑法合宪性解释的运用（上）：以基本权利确定解释方向 ‖ **124**

　第一节　基本权利视域下刑法法益观的重塑 / 125

　　一、刑法法益的历史沿革：从权利侵害说到法益保护说 / 125

　　二、刑法法益的内涵扩张：脱离基本权利限制的刑法法益 / 128

　　三、刑法法益的返本开新：法益概念回归基本权利内核 / 131

　第二节　基本权利对刑法解释方向的调节 / 135

　　一、基本权利的内涵与特点 / 135

　　二、基本权利的正向确立功能 / 139

　　三、基本权利的反向排除功能 / 143

第三节　基本权利的刑法合宪性解释应用 / 146

　　一、人身权的刑法合宪性解释应用 / 146

　　二、财产权的刑法合宪性解释应用 / 158

　　三、平等权的刑法合宪性解释应用 / 165

　　四、言论自由的刑法合宪性解释应用 / 172

　　五、其他基本权利的刑法合宪性解释应用 / 176

第六章　刑法合宪性解释的运用（下）：以多重原则限定解释
　　　　范围 ‖ 181

第一节　形式限制：法律保留原则与明确性原则 / 182

　　一、法律保留原则与明确性原则的内涵 / 182

　　二、法律保留原则与明确性原则的刑法合宪性解释应用 / 187

第二节　实质限制：比例原则 / 194

　　一、比例原则的基本内容 / 194

　　二、比例原则的刑法适用价值 / 197

　　三、适当性考量：刑事处罚能否有效保护法益 / 200

　　四、必要性考量：刑事处罚是否具有不可替代性 / 205

　　五、均衡性考量：刑事处罚的损害与保护法益是否均衡 / 213

结　　语 ‖ 223

参考文献 ‖ 229

导　论

一、研究背景

晚近以来，刑法体系扩张成为一个显著的趋势。自1997年《中华人民共和国刑法》（以下简称《刑法》）出台至今，我国已经制定了11部《中华人民共和国刑法修正案》（以下简称《刑法修正案》）增设罪名、严密法网成为刑事立法修正的基本态势。就刑事司法而言，功能主义刑法时代正在到来，刑法正以法益保护为名、通过目的解释等手段，实现自身体系的扩张。

学界对此现象当然并非无动于衷，而是主张通过多种手段对刑法体系的扩张进行限制，这种限制主要有两种途径：一种是刑法内部的途径，即通过刑法教义学理论实现对刑法体系扩张的限制。然而，随着刑法教义学理论的功能主义化，刑法体系正变得越来越刑事政策化和目的理性化。易言之，刑法正在成为预防犯罪的工具。依靠与刑事政策深度融合后的刑法教义学去限制刑法体系的扩张，可能很难实现所谓的限制目的。例如，以目的解释之名，可以从某种程度上轻松绕开刑法条文的字面规定。这虽然有助于实现刑法的法益保护，但是，传统刑法体系中通过罪刑法定原则来约束刑罚权发动的愿景就可能遭遇时代的危机。另一种途径就是寻求外部的限制。宪法作为法律体系中的根本法，同时也是刑法的上位法，此时就成为限制刑法体系扩张的一个绝佳方式。我国《刑法》在第 1 条开宗明义地指出，"依据宪法……制定本法"。宪法具有鲜明的权利导向，其自身就旨在限制国家权力进而维护公民权利。刑法作为广义公法的一部分，刑罚权作为非战争时期最严厉的制裁手段，理应受到宪法的限制。

我国学界近年来开始重视研究刑法的合宪性解释。应当说，我国的宪法监督体制具有自身的特殊性，合宪性审查在实际运行机制上还有待进一步完善。这从某种程度上制约了我国学界对此问题深度研究的展开。然而，我们仍旧可以在现有机制下寻求刑法合宪性解释的适当路径。刑法的合宪性解释就是一种较为可行的方式。这要求我们在对刑法进行解释时，应当结合宪法的规定和原则，进而对刑法的条文作出合乎宪法要求的解释。

党的十八届四中全会通过的《中共中央关于全面推进依法治国若干重大问题的决定》特别指出，要"使每一项立法都符合宪法精神、反映人民意志、得到人民拥护"。党的十九大报告提出要"加强宪法实施和监督，推进合宪性审查工作，维护宪法权威"。这个背景为研究刑法的合宪性解释提供了契机。刑法的合宪性解释可能涉及以下内容：首先，刑法合宪性解释的概念内涵是什么？进行刑法合宪性解释的正当性根据何在？这些基础问题有待深入研究。其次，刑法合宪性解释是否为一种独立的刑法解释方法？相对于其他解释方法，合宪性解释具有何种特点和地位？
此问题也有待学界做出回答。最后，刑法合宪性解释应当如何展
开？如何判断某种解释方案是否合乎宪法？这些问题事关刑法合
宪性解释的具体应用，也需要进行深入的研究。总之，刑法学者
应当吸取宪法学的相关知识，建构起刑法合宪性解释的理论体
系，使得刑法充分发挥其权利保障大宪章的作用。

二、研究意义

对刑法的合宪性解释进行研究，具有重要的理论意义和现实
意义。

（一）理论意义

一方面，对刑法的合宪性解释进行研究，有助于跳出刑法原
有理论框架的限制，丰富刑法的外部制约体系。刑法的扩张已经
成为晚近以来刑法发展的重要趋势。刑法作为法益保护法，应对
时代变化做出自身变革，这也是其应有之义。然而，这种扩张显
然不能是无度的。刑法不仅是法益保护法，也是人权保障法。我
国刑法学者李海东博士曾指出，刑事法律要遏制的不是犯罪人，
而是国家。这些都说明，脱离了限制的刑法可能会有悖于公民权
利的保障。宪法作为国家的根本大法，具备最高的法律效力，宪
法基本权利、比例原则等可以对公权力的发动进行有效的限制。
刑法作为广义公法的一部分，也理应受到宪法规定和基本原则的
制约，这有助于平衡刑法的法益保护和人权保障机能，充分发挥
其权利保障大宪章的作用。同时，刑法合宪性解释的研究也有助
于丰富刑法解释学理论体系。近年来，我国刑法解释学理论发展
迅猛。但是过往理论对于合宪性解释关注的力度有所缺乏。实际

上，合宪性解释突破了传统解释方法的限制，将公法领域的合宪性问题引入解释学之中，拓宽了刑法解释学的视野，这对于刑法解释学的发展能够起到促进作用。

另一方面，对刑法的合宪性解释进行研究，有助于促进法学学科交融发展。司法案件本身并不存在学科归属，现实社会的复杂性也决定了不存在哪个案件专属于某一学科。人们只是从理论研究角度划了法学的不同学科，但是，学科之间的交融研究是十分必要的。所谓"不识庐山真面目，只缘身在此山中"。仅站在刑法学科内部来思考刑法问题，有些问题就存在着被遮蔽的可能。因此，在适当的时候有必要跳出刑法学科的视野来审视刑法问题。既要在刑法之中研究刑法，也要在刑法之外研究刑法。实际上，这种观点在刑法学界早有学者提倡。我国刑法学者储槐植教授倡导"刑事一体化"，刘仁文教授提出了"立体刑法学"构架。宪法作为刑法之上的法律，也应该被刑法学者所重视。通过刑法的合宪性解释研究，有利于打通刑法学和宪法学的"任督二脉"，进而促进法学体系的融贯性。一方面，宪法作为上位法，可以为刑法提供精神和原则支撑，丰富刑法学的理论体系；另一方面，刑法作为保障法，可以为宪法权利提供强有力的后盾支持。两者协作共同实现对公民权利的保障。

（二）现实意义

对刑法的合宪性解释问题进行研究，有助于规范刑事司法，更有效地实现刑法的人权保障机能。刑罚权的行使关乎每个公民的基本人身、财产权利。如果刑罚权被滥用，公民基本权利可能会遭受公权力的过度侵蚀。因此，对于刑罚权的适用必须保持一种审慎的态度。刑事司法是刑法的实际运行环节。近年来，一些争议案件的出现，引发舆论和民众的强烈关注，刑事裁判的结果也遭到民众的不少质疑。这主要涉及刑罚权的发动与公民基本权利行使的关系。宪法作为规定公民基本权利的根本大法，对于保障公民权利发挥着无可替代的作用。刑事司法也理应受到宪法的限制，从而有效地约束刑罚权的滥用。刑事司法机关应该结合宪法原则和宪法权利规范的要求，反思在定罪量刑过程中是否不当地侵害了公民基本权利。在对刑法条文进行解释时，应当将宪法规范，特别是基本权利规范融入其中，对刑法条文做出合乎宪法的解释。"问渠那得清如许？为有源头活水来"，刑法学是一门实践性很强的部门法学，司法实践为刑法理论研究提出了问题，刑法理论研究的成果也应当服务于司法实践。对刑法合宪性解释问题进行研究，有助于对刑事司法进行合理限制，从而避免刑法的不当扩张。

三、文献综述

（一）国内文献综述

我国学者对刑法合宪性解释问题的研究已经初步展开，这些研究既包括对刑法合宪性解释的基本概念、性质的探讨，也包括对刑法的合宪性解释具体应用的分析。值得一提的是，对此问题的研究人员既有刑法学者，如张明楷教授、周光权教授、姜涛教授、劳东燕教授等人，也有宪法学者如张翔教授、白斌教授等人。也就是说，刑法的合宪性解释问题正在逐步得到刑法学界和宪法学界的共同关注。

就刑法合宪性解释的基础理论而言，学界普遍赞同合宪性解释在刑法中具有重要的研究价值。时延安教授认为，可以将合宪性解释作为一种独立的刑法解释方法，充分发挥其对刑法解释的限定作用。应当将宪法规则和原则作为合宪性解释的基本依据，其中，权利规范对于合宪性解释的作用尤为突出。❶ 周光权教授指出，合宪性解释有利于实现刑法的妥当处罚。实际上，实务中很多刑事案件的裁判都加入了宪法的考量，只不过没有采用合宪性解释的术语进行表述。❷ 姜涛教授则主张，刑法的合宪性解释是法秩序一致性原理下的必然要求。合宪性解释就是要求刑法解释结果不能抵牾宪法精神和原则。在进行合宪性解释时，宪法基本权利和比例原则等具有重要作用。❸ 张翔教授则是从刑法体系的视角来展开合宪性的控制，其主张应当将宪法作为刑事政策的实质来源，这样有助于实现刑法教义学和宪法教义学的融通。❹ 夏勇教授指出，刑法学界在研究刑法问题时往往缺乏宪法视角的切入，很多刑法问题如果不诉诸宪法，实际上是很难得到根本解决的。因此，关注和加强刑法的宪法制约问题的研究有着重大的理论与实践意义。宪法对刑法的制约既包括立法的制约，也包括司法的制约。❺ 当然，不得不指出的是，对于刑法合宪性解释的基础理论，学界的研究仍处于刚起步的阶段，对刑法合宪性解释的很多基础问题还未能展开更加深入的探讨。

❶ 时延安. 刑法规范的合宪性解释 [J]. 国家检察官学院学报, 2015, 23 (01)：70 - 77, 174.

❷ 周光权. 刑事司法领域的宪法判断与刑法制度文明 [J]. 中国社会科学, 2022 (08)：4 - 23, 204.

❸ 姜涛. 法秩序一致性与合宪性解释的实体性论证 [J]. 环球法律评论, 2015, 37 (02)：141 - 157.

❹ 张翔. 刑法体系的合宪性调控——以"李斯特鸿沟"为视角 [J]. 法学研究, 2016 (04)：41 - 60.

❺ 夏勇. 美国刑法的宪法制约及启示 [N]. 检察日报, 2002 - 09 - 20.

就刑法合宪性解释的地位或性质来说，学界对此问题争议极大。解释原则说、目的解释说、体系解释说和独立解释方法说等理论各有特点。李希慧教授[1]、刘艳红教授[2]都主张合法性是刑法解释的基本原则，既然宪法是法律体系的一部分，而且是具有最高效力的法律，合宪性也应当是刑法解释的基本原则。同时，亦有学者主张合宪性解释属于体系解释或者目的解释。程红教授认为，应当将合宪性解释作为体系解释的一种特别情形加以研究。[3] 晚近以来，学界开始将合宪性解释作为一种独立的刑法解释方法进行研究。例如，张明楷教授提出应当将合宪性解释作为独立的解释方法列入刑法的解释方法之中。[4] 我国台湾地区刑法学者林钰雄教授也将合宪性解释方法作为一种独立的解释方法，将之与传统的文理解释、体系解释、历史解释和目的解释等解释方法并列阐述。[5] 学界对于合宪性解释性质的争议目前仍处于学术纷争的状态。之所以出现这种情况，一方面，由于合宪性解释本身的内涵较为丰富，因此在定性上存在一定困难。另一方面，因为学界对于合宪性解释的研究尚停留在初始阶段，还未能全面地把握其体系定位。

就刑法合宪性解释的依据或标准而言，我国宪法学者黄卉教授提出，合宪性解释的依据应当包括宪法规则、原则和精神。[6]

[1] 李希慧. 刑法解释论 [M]. 北京：中国人民公安大学出版社，1995：82.
[2] 刘艳红. 刑法解释原则的确立、展开与适用 [J]. 国家检察官学院学报，2015，23（03）：95－104，174－175.
[3] 程红. 论刑法解释方法的位阶 [J]. 法学，2011（01）：40－49.
[4] 张明楷. 刑法学（上）[M]. 北京：法律出版社，2021：46－47.
[5] 林钰雄. 新刑法总则 [M]. 北京：中国人民大学出版社，2009：38.
[6] 黄卉. 合宪性解释及其理论检讨 [J]. 中国法学，2014（01）：285－302.

我国刑法学者时延安教授则认为，宪法精神过于抽象和模糊，存在很大的不确定性，因此合宪性解释的依据是指宪法规则和原则，而不应当包括宪法精神。● 张明楷教授着力凸显以基本权利为核心的法益理论和比例原则对于刑法的限定作用。● 其进一步指出，以基本权利为主体的法益概念与比例原则之间可以起到相互补充的作用。其中，法益主要调控刑法保护的方向，而比例原则可以限制刑法干涉的限度。比例原则作为宪法重要原则之一，应当将之引入刑法中去，从而实现对刑罚权的合理控制。当然，其主要是从刑事立法的角度进行的探讨。实际上，上述宪法规范对于刑法解释同样可以发挥作用。姜涛教授指出，比例原则是广泛适用于公法领域的基本原则，而刑法也具有公法的属性，因此可以将比例原则应用于刑法中。同时，比例原则具有刑法谦抑性原则所不具备的强制性和程序性，对于罪刑关系的配置能够发挥重要作用。● 总的来说，宪法基本权利和比例原则等作为刑法合宪性解释的依据受到学者们的普遍赞同。

就刑法合宪性解释的具体应用来说，多位学者结合刑法总则和分则展开了较为细致的探讨。在刑法总则领域的合宪性解释上，何庆仁教授提出可以将宪法中的比例原则和平等原则适用于教唆犯的解释中去，这样可以有助于平息刑法中对于教唆犯从属性和教唆犯独立性的解释争议。● 而陈璇博士则将比例原则引入

● 时延安. 刑法规范的合宪性解释 [J]. 国家检察官学院学报, 2015, 23 (01): 70 - 77.
● 张明楷. 法益保护与比例原则 [J]. 中国社会科学, 2017 (07): 88 - 108.
● 姜涛. 法秩序一致性与合宪性解释的实体性论证 [J]. 环球法律评论, 2015, 37 (02): 141 - 157.
● 何庆仁. 我国《刑法》第 29 条第 2 款的合宪性解释 [J]. 政治与法律, 2021 (08): 85 - 96.

正当防卫的解释适用中，认为比例原则有助于纠正过往刑事司法中正当防卫解释适用上的一些理论偏差。❶ 学者李兰英、熊亚文提出，在适用刑法从业禁止时，应当运用比例原则对从业禁止的范围和程序进行合宪性限制，避免对公民职业自由造成不当干涉。在分则方面，目前学者已经围绕涉户犯罪、寻衅滋事罪、聚众淫乱罪等多个刑法罪名，结合典型争议案件，发表了大量文章。例如，白斌教授认为，刑法学界对于涉"户"犯罪中"户"的概念存在理解上的偏差，从宪法角度来看，"户"承载着个人自由的基本价值，具有重要的意义。其运用合宪性解释的方法，对刑法中的涉"户"犯罪进行了体系性的重塑。❷ 尹培培博士对刑事司法解释中的"诽谤信息转发500次入刑"进行了合宪性的分析。其运用法律保留原则和比例原则等宪法基本原则对之进行形式和实质的合宪性审查，认为此条司法解释在宪法上存在诸多值得质疑的地方。❸ 而张千帆教授也存在类似的主张。其认为宪法基本权利对刑法解释具有重要的限制作用，刑法在参与社会治理时应当为公民基本权利和自由的行使保留合理的空间。❹上述学者都较为深入地探讨了刑法分则中隐含的合宪性解释问题。应该说，学界对刑法的合宪性解释开展了较为广泛的研究。但也存在重分则、轻总则以及缺乏系统性等缺陷，有待进一步的

---

❶ 陈璇. 正当防卫与比例原则——刑法条文合宪性解释的尝试 [J]. 环球法律评论，2016（06）：36 – 58.
❷ 白斌. 宪法价值视域中的涉户犯罪——基于法教义学的体系化重构 [J]. 法学研究，2013（06）：131 – 146.
❸ 尹培培. "诽谤信息转发500次入刑"的合宪性评析 [J]. 华东政法大学学报，2014（04）：154 – 160.
❹ 张千帆. 刑法适用应遵循宪法的基本精神——以"寻衅滋事"的司法解释为例 [J]. 法学，2015（04）：3 – 9.

反思与总结。

(二) 国外文献综述

国外学界也非常重视对刑法合宪性解释的研究。各个国家学者根据本国合宪性解释的运行机制与发展特色，对刑法合宪性解释的内涵、价值和适用依据等内容，进行了较为深入的研究。

德国学者较早开展了对刑法合宪性解释的研究。例如，德国宪法学者斯特凡·科里奥特认为，合宪性解释是德国宪法学的一项创造。德国率先确立了合宪性解释的机制，然后推广到其他国家。他认为，任何法律在适用的过程中都是有待解释的。而宪法在法秩序体系中位于最高位阶，因此其他法律的解释当然应与宪法保持一致。合宪性解释要求在法律解释存在多种可能时，排除其中与宪法基础决定所不相符的部分。❶ 应当说，德国学者对合宪性解释的内涵阐释是较为准确的。合宪性解释的突出特点就是在多种解释可能中，以是否符合宪法为标准进行选择，最终得出合宪的结论。此外，其对合宪性解释的正当性根据也进行了说明，即从法秩序一致性原理中可以推导出合宪性解释的要求。德国刑法学家克劳斯·罗克辛教授非常重视宪法对刑法的制约作用，其认为"对立法者产生约束性限制作用的，不可能是教授们的观点，而只能是宪法"。❷ 当然，其主要是从立法的角度对刑法的宪法制约提出了要求。但是，既然刑法立法应接受宪法的约束，那么刑法解释也自然应接受宪法的制约。这就体现了刑法合宪性解释的

---

❶ [德] 斯特凡·科里奥特. 对法律的合宪性解释: 正当的解释规则抑或对立法者的不当监护？[J]. 田伟译，华东政法大学学报，2016，19 (03): 5–14.

❷ [德] 克劳斯·罗克辛. 对批判立法之法益概念的检视 [J]. 陈璇译，法学评论，2015，33 (01): 53–67.

要求。罗克辛教授还指出，宪法性法益对刑法适用具有重要的影响。❶ 这对于依据宪法来塑造刑法法益理论提出了要求。对于刑法合宪性解释的性质，德国学者也进行了一些探讨。比如德国刑法学家耶赛克教授主张将刑法的合宪性解释作为目的解释来进行理解。❷ 而德国学者魏德士则认为，合宪性解释实际上是体系解释的特殊情形。❸ 这些对于深化刑法合宪性解释的理论研究具有重要意义。

　　日本学者也十分重视刑法的合宪性解释，他们一般将法律条文的合宪性设定为前提条件，从多种解释中选择符合宪法的解释作为法律解释结论。日本学者一般采用"合宪性限定解释"的称谓。日本刑法学者前田雅英教授指出，轻易认定刑事法规是违宪的，进而判断其无效，这会产生过广的影响。因此，应当对刑事法规进行合宪性的限定解释，从而去除不当的处罚范围。❹ 前田雅英教授还指出，刑法解释学是以"为了设定合宪、合理的处罚范围，如何进行实质性的解释"这种形式展开讨论的，很少将作为解释对象的法律条文本身的违宪性作为问题来考虑。❺ 由此可以看出，日本学者深刻地把握了刑法合宪性解释的价值精髓。

---

❶ ［德］克劳斯·罗克辛. 德国刑法学　总论（第 1 卷）：犯罪原理的基础构造
　　［M］. 王世洲译，北京：法律出版社，2005：15.
❷ ［德］汉斯·海因里希·耶赛克，托马斯·魏根特. 德国刑法教科书［M］. 徐久
　　生译，北京：中国法制出版社，2001：216.
❸ ［德］伯恩·魏德士. 法理学［M］. 丁小春、吴越译，北京：法律出版社，
　　2003：335.
❹ ［日］前田雅英. 刑法总论讲义［M］. 曾文科译，北京：北京大学出版社，
　　2017：51.
❺ ［日］前田雅英. 刑法总论讲义［M］. 曾文科译，北京：北京大学出版社，
　　2017：50.

刑法合宪性解释的目的就在于通过解释的形式，借由宪法来限定刑法的处罚范围，避免刑法的过度扩张，进而实现对公民基本权利的保障。

美国历来重视宪法对刑法的制约作用。美国刑法学者胡萨克指出，当缺乏约束立法机关的规范性的犯罪化理论时，宪法为限定刑法范围提供了唯一的原则性渊源。[1] 例如，美国非常重视对宪法言论自由的保障，对于涉及言论行使的犯罪一般奉行"明显、即刻和现实的危险"原则。换言之，只有行为人发表言论具备上述危险时，国家才能够对之进行干预。否则，国家对言论的干预就是违反宪法的。美国宪法制约刑法的机制，主要是经由立法来实现的。[2] 如果某一刑事法规出现违反宪法的情况，会被法院判定违宪而直接废止。当然，美国也具有独特的"宪法回避原则"，这与合宪性解释在内在精神上是共通的。美国的"宪法回避原则"要求在判断法律是否合乎宪法时，尽量从合宪的角度对法律进行解读，进而维持规范的有效性，避免做出违宪判断。"宪法回避原则"是美国宪法的基本原则之一，这是一种通过法律解释来实现法律规范合宪性的方法。

四、研究方案

（一）研究思路

本书按照"提出问题—分析问题—解决问题"的思路来层层划分、逐层推进。首先，第一章是刑法合宪性解释的概述，对

---

[1] ［美］道格拉斯·胡萨克. 过罪化及刑法的限制［M］. 姜敏译，北京：中国法制出版社，2015：191.
[2] 储槐植，江溯. 美国刑法［M］. 北京：北京大学出版社，2012：15-24.

刑法合宪性解释的基本概念、发展沿革、正当根据等问题进行了界定和阐释。第二章是刑法合宪性解释的适用困境和成因。本章在概括了刑法合宪性解释的适用困境后分析了困境产生的具体原因。之后针对这些原因，提出了解决方案。第三章是刑法合宪性解释的体系定位，对于刑法合宪性解释的体系定位，学界存在诸多争议。本章赞同应当将刑法合宪性解释作为一种独立的刑法解释方法加以应用。第四章是刑法合宪性解释的合宪标准，在比较中外合宪性解释合宪标准的基础上，本章主张采取一种综合性的合宪标准。所谓综合性合宪标准，是指以宪法规则和原则为内容，主要由宪法基本权利与法律保留原则、明确性原则、比例原则等构成的合宪标准。第五章和第六章是刑法合宪性解释的运用。分别探讨了宪法基本权利对刑法合宪性解释的方向指引作用和法律保留、比例原则等对刑法合宪性解释的范围限定作用。通过上述环节，以期能够对刑法合宪性解释问题形成较为全面、系统和体系化的理论阐释。

（二）研究方法

1. 文献分析法

人文社科的研究离不开对现有文献的分析，因此文献分析法一直是一种传统、重要的研究方法。通过对法学方法论、刑法基本理论、宪法基本理论等经典文献的阅读和分析，进而阐明刑法合宪性解释的理论内涵、正当根据、体系定位和运用规则。这些目标的实现离不开对现有文献的分析。

2. 案例分析法

刑法学是一门实践性很强的部门法学，因此对刑法的合宪性解释进行研究，离不开对司法实践中典型争议案件的分析。通过对这些案例进行分析，提炼出刑事司法实践中需要进行合宪性解释的具体问题，并给出解决方案。这有助于实现法学理论和实践的结合，使得理论研究真正服务于司法实践。

3. 比较分析法

域外国家是刑法合宪性解释适用的先行者，对刑法的合宪性解释理论进行了深入的研究。我国可以借鉴外国在刑法合宪性解释理论研究中的先进经验。这就需要借助比较分析方法，分析其中的联系与区别。需特别指出的是，我国刑法的合宪性解释问题存在诸多特殊性，在借鉴外国经验时应当注意我国的现实国情，做到"以我为主，为我所用"。

4. 学科交叉方法

刑法的合宪性解释问题涉及刑法学和宪法学两大学科。在研究的过程中，应当注意两个学科在概念范畴、研究方法上的联系与区别，并在此基础上进行交叉研究。合宪性解释的问题涉及诸多宪法学的理论范畴。例如，宪法基本权利对于刑法解释能够发挥重要的影响作用。比例原则作为公法领域的基本原则，也会对刑法解释产生制约作用。刑法学研究可以汲取宪法学的理论成果，丰富自身学科内涵，从而更加科学地解决刑法的合宪性解释问题。

第一章

刑法合宪性解释概述

　　自萨维尼把法律解释方法分为语义解释、逻辑解释、历史解释和目的解释以来，这四种解释方法在刑法领域被广泛使用，并成为刑法解释的经典方法。❶晚近以来，合宪性解释方法越来越受到刑法理论界的重视。应当说，我国学界对于刑法合宪性解释的研究仍然处于较为薄弱的状态，对刑法合宪性解释基础问题的研究仍然有待进一步展开。这主要涉及以下几个方面：第一，刑法合宪性解释的概念应当如何界定。第二，域外国家作为刑法合宪性解释的先行者，在刑法合宪性解释问题上经历了怎样的发展沿革过程，这对我国进行刑法合宪性解释有何可借鉴之处。第三，对刑法进行合宪性解释是否具有正当性根据。本章围绕刑法合宪性解释的上述基本问题展开研究。

---

❶ 苏永生．刑法合宪性解释的意义重构与关系重建——一个罪刑法定主义的理论逻辑 [J]．现代法学，2015，37（03）：137 –150.

第一节 刑法合宪性解释的概念

概念是人们进行清晰思考和对象认知的必要工具，对于法学研究和实践应用都具有十分重要的意义。"明确的定义是科学研究成功的前提。只有语言表达方式统一才能使科学交流成为可能。"❶ 只有在明晰刑法合宪性解释概念的基础上，我们才有可能对之展开深入研究。

一、刑法合宪性解释的概念争议

对于刑法合宪性解释的概念问题，学界存在的争议颇大，尚未形成较为一致的观点。经过笔者的梳理，这些观点大致可以划分为以下几种。❷

第一，依据高位阶法解释说。如我国台湾地区学者杨仁寿认为："合宪解释，系指以较高或宪法规范之意旨，而为解释位阶较低法规之方法。"❸ 第二，依据宪法解释说。❹ 这是指将前述高位阶法律限定为宪法。第三，单纯的解释规则、冲突规则与保全

---

❶ ［德］伯恩·魏德士. 法理学［M］. 丁小春、吴越译，北京：法律出版社，2003：9.

❷ 需特别说明的是，合宪性解释在宪法学界和法理学界得到了广泛的研究。由于刑法合宪性解释正是合宪性解释在刑法中的贯彻，两者的概念是一般与特别的关系，因此，在下文概念分析中并未严格区分一般法学方法论的合宪性解释与刑法的合宪性解释。

❸ 杨仁寿. 法学方法论［M］. 北京：中国政法大学出版社，1999：270.

❹ 黄卉. 合宪性解释及其理论检讨［J］. 中国法学，2014（01）：285–302.

规则说。单纯的解释规则是指宪法应在法律解释时直接发生一定影响；冲突规则，指在数种可能的法律解释中选择合宪的解释；保全规则，指当法律有违宪疑虑而有数种解释可能性时，应选择不违宪的解释。[1] 第四，单纯的解释规则与冲突规则说。如张翔教授主张，保全规则主要适用于违宪审查中，在合宪性解释中不存在适用空间。[2] 第五，冲突规则说。按照德国著名法学家拉伦茨的观点，合宪性解释是指在依字义及脉络关系可能的多数解释中，应始终优先选择最符合宪法原则者。[3] 德国法理学者魏德士也持类似的看法。他指出，从法秩序统一性的视角出发，当法律规范存在多种含义时，合宪性解释可以发挥作用。符合宪法标准的解释应当被采纳。[4] 有学者以更加简明的方式描述此规则，即当法律存在 A、B、C 三种解释可能时，采取 A、B 会抵触宪法，而 C 则不抵触宪法，就应当采取 C 作为解释结论，以确保法律的合宪性。就刑法学界来看，很多刑法学家也普遍持类似的观点，这基本成为刑法合宪性解释概念的多数说。如我国台湾地区刑法学者林钰雄认为，当刑法的规定依照传统解释方法有几种不同的解释可能时，依照合宪性解释的要求，适用刑法者应当优选其中最合乎宪法规定及其所宣示的基本价值的解释可能。[5] 我国

[1] 王书成. 论合宪性解释方法 [J]. 法学研究，2012（05）：50－68.
[2] 张翔. 两种宪法案件：从合宪性解释看宪法对司法的可能影响 [J]. 中国法学，2008（03）：110－116.
[3] ［德］卡尔·拉伦茨. 法学方法论 [M]. 陈爱娥译，北京：商务出版社，2003：221.
[4] ［德］伯恩·魏德士. 法理学 [M]. 丁小春、吴越译，北京：法律出版社，2003：335.
[5] 林钰雄. 新刑法总则 [M]. 北京：中国人民大学出版社，2009：38.

刑法学者苏彩霞❶、时延安❷及韩国刑法学者金日秀❸等都持类似的看法。

本书认为，上述不同观点基本可以分为两大类。前两种观点可归于一类，主要是以刑法合宪性解释的依据和对象为核心特征来概括其概念。后三种观点可归于另一类，主要是从刑法合宪性解释的具体内容来表述合宪性解释的概念。

就第一类观点来说，其具有一定的可取之处。第一，刑法合宪性解释之所以产生意义上的含混，核心之处在于应当如何理解宪法在其中的作用。在上述定义中，肯定了宪法是刑法合宪性解释的标准或者依据，这就对刑法合宪性解释的核心特征做出了说明。它强调了宪法所具有的根本法地位以及其对下位法刑法的制约作用，认为合宪性解释是一种根据上位法来阐释下位法的方法。第二，上述观点阐明了刑法合宪性解释的对象，也就是说，刑法合宪性解释是对刑法所做出的解释。这种表述清楚地说明了刑法合宪性解释与宪法解释存在的根本区别。所谓宪法解释，是按照一定的方法对宪法规定进行的解释。宪法解释的解释对象毫无疑问是宪法本身。而刑法的合宪性解释是对刑法所做的解释。按照这种观点，某些教科书中将合宪性解释作为宪法解释的一种类型进行表述就是错误的。❹ 因为宪法解释和合宪性解释在解释对象上存在根本区别。上述两点构成了合宪性解释的基本特征。

---

❶ 苏彩霞. 刑法解释的立场与方法 [M]. 北京：法律出版社，2016：185.
❷ 时延安. 刑法规范的合宪性解释 [J]. 国家检察官学院学报，2015，23（01）：70–77.
❸ [韩] 金日秀，徐辅鹤. 韩国刑法总论 [M]. 郑军男译，武汉：武汉大学出版社，2008：35.
❹ 林来梵. 宪法学讲义 [M]. 北京：法律出版社，2015：145.

　　但是，上述概念在界定刑法合宪性解释时也存在一定的缺陷。第一，上述观点虽然明晰了刑法合宪性解释的对象是刑法，但是并没有对之做进一步的限定。例如，刑法作为解释对象时具体指的是什么？这存在很大的争议。多数学者赞同刑法规范说，即认为刑法解释的对象是刑法规范。亦有学者认为，刑法解释的对象是刑法条文。❶ 第二，就第一种观点来说，其将合宪性解释的依据表述为宪法和上位法。这显然违背了合宪性解释的基本要求。在合宪性解释中宪法必须出场，将宪法作为解释的依据，而不能仅作为高位阶的法律，这也是合宪性解释中"宪"字的应有之义。

　　就第二类观点来说，其以较为具体的方式对刑法合宪性解释的概念进行了阐释。这种观点又可以作如下具体解读：首先，对于刑法规定应当存在多种解释方案。其次，在上述解释方案中，有的结论是合宪的，有的结论是违宪的。最后，以宪法作为标准排除其中不合宪的解释方案，保留合宪的解释方案作为最终的解释结论。

　　应当说，第二类观点对合宪性解释的界定有其可取之处。这种合宪性解释的概念凸显了作为根本法的宪法对于部门法所具有的终极控制效力，这正是合宪性解释的主要价值所在。通过合宪性解释，有助于实现整个法秩序的协调统一。但不得不指出的是，上述对于合宪性解释概念的界定仍然存在一定的问题。第一，所谓概念，是指对事物的内涵和外延所做的概括性说明。就上述概念界定来说，似乎只阐释了刑法合宪性解释的具体内容，

---

❶　赵秉志主编. 刑法解释研究［M］. 北京：北京大学出版社，2007：329.

即刑法合宪性解释是怎样展开的，而对于合宪性解释的依据和对象都没有说明。第二，在前述"单纯的解释规则、冲突规则与保全规则说"中，保全规则属于合宪性解释在违宪审查中的运行规则，在我国语境下是不合适的，因此应当予以排除。此外，笔者还认为所谓的单纯解释规则在构造上存在很大的缺陷，其具体内涵是含混不清的，有待展开进一步的理论商榷。第三，上述某些观点将合宪性解释的过程阐释得过于简单。如前文所列举的例子，如果有 A、B、C、D 四种解释可能，采取 A、B、C 会抵触宪法，采取 D 则不抵触宪法，合宪性解释要求选取 D 作为解释结论。但是，刑法规定的解释方案是复杂多样的，并非每次解释过程中都会仅剩一种解释方案合乎宪法。在上述例子中，假如 C、D 两种解释方案都不违反宪法，那么又应当选择何种解释方案作为解释结论呢？上述观点并没有进行解答，这无疑是值得反思的。实际上，合宪性解释的过程应当同时适用"选择法"和"排除法"，即从多种解释方案中选择其中合宪的方案，同时排除其中不合宪的方案。如果多个解释方案都没有明显违反宪法，则只能选取其中最能体现宪法规定的方案。❶

二、刑法合宪性解释的概念界定

通过上述观点的对比，第一大类的观点较为概括地界定了刑法合宪性解释的概念，但是对于刑法合宪性解释的具体内容缺乏进一步的表述，应当予以补足。第二大类的观点实际上表达的是刑法合宪性解释的具体内容，这对于明晰合宪性解释的含义当然

---

❶ 当然，何为"最合乎宪法"的解释方案，还需要进一步的规则限定。

也是十分重要的。那么，究竟应当如何界定刑法合宪性解释呢？本书认为，在界定刑法合宪性解释的概念时，需要符合以下几项要求。

第一，应当明晰刑法合宪性解释的适用场域问题。国外一些学者在界定刑法的合宪性解释概念时，是在具有实质性的合宪性审查制度下进行的。因此，他们会较为看重刑法合宪性解释的违宪排除功能，进而避免违宪解释结果的出现，这也就是前文所说的保全规则的问题。而我国宪法审查机制与其他国家存在较大差异。因此在探讨刑法合宪性解释的理论与实践时，需要注意我国宪法审查制度的特殊性。我国宪法学者张翔教授指出，应当将所谓的"宪法案件"区分为两类。第一类是"真正的宪法案件"，即当事人对法律规范本身质疑，认为法律规范是违宪的，因此提出宪法上的诉求。这是一种宪法审查层面的宪法案件。第二类是"非真正的宪法案件"，在普通案件的审理中，法官也具有"合宪性解释"义务。法官应当将宪法规范的要求灌注到法律解释中去。前种层面的宪法案件，在目前我国的宪法实践中还不存在制度空间。而后一种宪法案件，实践中已经出现。尽管这与传统的宪法审查意义上的宪法案件有所不同，但是确实代表着宪法适用的一种新的路径。因此，张翔教授认为应当将"合宪性解释"作为当前中国宪法影响司法的重要形式。[1] 上述论断较为清晰地厘定了我国合宪性解释的适用场域。因此，刑法合宪性解释应当适用于普通刑事司法案件（而非宪法审查）的裁判过程中。其适用主体主要是司法机关的工作人员，当然，同时也包括刑法学

---

[1] 黄卉．合宪性解释及其理论检讨［J］．中国法学，2014（01）：285－302．

者等刑法研究人员。

第二，应当厘清刑法合宪性解释的解释依据。对于刑法合宪性解释的依据，一些论者在进行定义时即给出了答案。有学者主张合宪性解释的依据包括宪法规则、宪法原则和宪法精神。❶ 但是，上述观点需进一步商榷。宪法精神具有高度的抽象性，其大致包括社会主义本质、改革开放、民族团结、一切从实际出发等内容，这些内容已经在具体的宪法规则和原则上进行了规定，此时就不需要再动用宪法精神来对刑法解释进行限定。宪法规则所规定的内容非常具体，即进行合宪判断的主体部分，以基本权利为主体的宪法规则对于刑法解释的合宪判断发挥主要作用。此外，法律保留、比例原则等宪法原则对于刑法解释也能起到重要限制作用。因此，本书认为，合宪性解释的依据包括宪法规则和宪法原则，不包括宪法精神。

第三，应当界定刑法合宪性解释的解释对象。有论者将刑法合宪性解释的解释对象界定为刑法规范。但刑法规范是在对刑法条文阐释的基础上产生的。刑法中存在一个条文包含多个刑法规范的情形，也存在多个条文组成一个刑法规范的情形。因此，刑法规范本身并非直接的客观存在，而是在刑法适用者对刑法条文进行解释后形成的，这也正是刑法条文需要进行解释的原因。刑法规范作为司法三段论中的大前提，能够对刑法案件事实进行涵摄，进而得出裁判结论。这个过程需要刑法解释发挥作用。既然刑法规范是在对刑法条文的解释基础上产生的，在进行合宪性解释时，解释对象就只能是刑法条文而不能是刑法规范，否则就犯

---

❶ 胡锦光. 论宪法规范的构成要素 [J]. 法学家，1998 (04)：10 – 13，129.

了因果倒置的错误。

第四，应当进一步阐明合宪性解释中"解释"本身的内容。本书认为，前述观点中所谓的单纯解释规则，实际上是模糊不清的。首先，单纯解释规则本身在定义上就是不明确的。所谓"法官在依法裁判时，宪法相关规定应在法律解释时直接发生一定影响"，这种影响如何发挥，完全没有说清楚，令人疑惑不解。有学者介绍，所谓单纯解释规则，一般应用于较为抽象的法律条文，因为这种条文不会直接产生多种解释可能。而法律条文越是具体，就越可能产生多种解释，此时就可以运用冲突规则进行筛选。❶ 本书不赞同这种分析。因为抽象条文本身就会产生更多的解释可能，例如，《刑法》中的"情节严重""其他……行为"等条款，此时产生的解释可能是极其多样的，解释者应当适用冲突规则对这些解释可能进行合宪性的选择或排除。其次，即使承认这种所谓的单纯解释规则，其主要功能也在于填充法律规范的内容，甚至进行法律续造。这种方式只能在民法等法律的合宪性解释中发挥作用。因为民法属于私法，其本身存在较为宽泛的解释空间，在发生法律漏洞时可以依据宪法进行法律续造。而在刑法中，受罪刑法定原则的限制，即使采用合宪性解释，也不可能进行法律续造。因此，本书认为，在刑法合宪性解释的界定中，只需要承认冲突规则这一项即可。这也正是冲突规则成为刑法合宪性解释概念学说中多数说的原因。而根据前述分析，所谓的保全规则在我国的体制语境下并没有应用空间。因此，应当在刑法

---

❶ 张翔. 两种宪法案件：从合宪性解释看宪法对司法的可能影响 [J]. 中国法学，2008（03）：110–116.

合宪性解释的概念中予以排除。另外，"解释"一词本身，存在多种内涵上的争议。例如，拉伦茨认为，所谓解释，是指将已包含于文字之中，但被遮掩住的意义分解、摊开并且予以说明。换言之，我们可以用其他语词更清楚、更精确地表达它，使它可以传达给他人。❶ 杨仁寿认为，法律解释是指法律规定并不明确时，依据一定的方法，探求法律之规范意旨。❷ 在刑法合宪性解释的概念中，也应当对解释本身的含义进行说明。

综上所述，刑法合宪性解释是指在处理刑事司法案件（而非宪法审查）时，依照宪法规范（包括宪法规则和原则）对刑法条文的含义进行的阐明，具体而言就是当刑法条文存在多种解释可能时，选取其中符合宪法的解释可能、排除其中不合宪的解释可能作为解释结论。

按照这种概念，刑法的合宪性解释不是为了解释宪法，而是以宪法为依据或标准来解释刑法条文。当然，以宪法为标准也必然涉及宪法标准的确定，即如何理解宪法的问题，这也可能与宪法解释发生关联。但无论如何，刑法合宪性解释都是对刑法本身的解释，而不是对宪法的解释。按照前述分析，刑法合宪性解释的含义可以从正反两个方面进行理解。所谓正方向的理解是指，在选取刑法解释结论时应当积极落实宪法的原则和规定，从多种解释可能中选取最合乎宪法的可能作为解释结论。所谓反方向的理解是指，应将不符合宪法的解释可能从解释结论中排除出去。

❶ ［德］卡尔·拉伦茨. 法学方法论［M］. 陈爱娥译，北京：商务出版社，2003：194.
❷ 杨仁寿. 法学方法论［M］. 北京：中国政法大学出版社，2013：136.

第二节 域外刑法合宪性解释的沿革考察

应当说，刑法的合宪性解释乃至整个合宪性解释理论具有一定的"舶来品"属性，以德国、日本为代表的大陆法系国家和以美国为代表的英美法系国家较早地开展了刑法合宪性解释的理论研究和实践应用。在研究刑法合宪性解释问题时，对域外刑法合宪性解释沿革进行考察是十分必要的。

一、德国：合宪性解释的开创者

对于刑法的合宪性解释，德国是理论和实践上的先行者。一般认为，在1953年的民主德国难民进入联邦德国迁徙案判决中，合宪性的解释方法开始被德国联邦宪法法院确立。[1] 本案的基本争议点在于，民主德国的难民是否具有迁徙至联邦德国的迁徙自由权。联邦宪法法院经审理认为，作为德国公民，其当然具有迁徙权，但是此权利的行使也要受到一定的限制。以联邦德国当时的规模和功能，无法容纳过多的难民，因此进行一定的限制是合理的，这并没有对民主德国的难民造成差别对待。本案涉及的核心问题在于，如何解释"难民"的范围。德国联邦宪法法院从宪法角度做出了前述论断，这就确立了这样一种解释方法，就是在依据文义解释等传统的解释方法得出多种解释可能时，应当优

---

[1] 柳建龙. 合宪性解释原则的本相与争论 [J]. 清华法学，2011，5（01）：108 - 124.

先选择其中与宪法相符的解释选项。❶ 德国学者认为，在德国之外，合宪性解释这一方式也开始被广泛应用，这是德国宪法学的一项创造。❷ 实际上，任何法律在适用过程中都是有待解释的，尤其不确定性较强的法律概念。在宪法优先的法秩序中，确立所有法律都必须解释为与宪法一致的准则，这显然是一个合理的方法论原则。这有助于确保宪法在法律位阶中的最高性，继而维护法秩序的统一。合宪性解释要求在法律解释存在多种可能的方案时，对不同的方案进行相互比较，然后排除其中与宪法基础决定不相符的部分。换言之，合宪性解释是对法律——而非对宪法——的解释。这里指出了合宪性解释的一项重要特征，就是合宪性解释是依据宪法对法律进行解释，所以，它是一种法律的解释方法，而非宪法解释方法。

德国学者认为，在宪法意义上，合宪性解释可以被理解为对规范合宪性审查的一种特殊变种。如何理解这里的特殊变种呢？实际上，在德国宪法法院对规范进行合宪性审查时，一般具有两种选择方案：要么在案件中确认该规范合乎宪法，进而保持其规范效力；要么裁判该规范违反宪法，这样就需要宣告该规范自始无效。但是随着实践的发展，宪法法院开始在此基础上发展出关于裁判结果形式的各种不同变种，合宪性解释就是其中的一种方式。因为一旦法院裁定某一规范条文违反宪法，进而将之撤销，就会造成巨大的影响，这种后果是宪法法院所不愿意看到的。因此，宪法法院就会从"维持现行法规范有效性"的倾向出发，

---

❶ 周育. 合宪性解释研究 [M]. 上海：上海人民出版社，2021：19.
❷ [德] 斯特凡·科里奥特. 对法律的合宪性解释：正当的解释规则抑或对立法者的不当监护？[J]. 田伟译，华东政法大学学报，2016，19（03）：5–14.

通过解释方法尽可能地将法律条文做出符合宪法的解释。在对法律规范进行合宪性解释之后，一般也就不需要再对法律进行正式的无效宣告。在此意义上，合宪性解释方法实现了对法律规范效力的一种保全。❶

刑法的合宪性解释不仅为德国刑法理论研究者所重视，也是以联邦最高法院为首的刑事法庭所认可的解释方案，这对于指导刑事法官进行法律适用起到了重要作用。当刑事法官对刑法条文的适用产生解释疑虑时，会结合宪法中的相关规定，特别是基本权利的规定，对刑法条文的含义进行解释。这样可以避免不当使用刑法规范进而侵犯公民基本权利情况出现。在德国发生的"竞选案"就是一个典型的例证。市长为连任而参加竞选的费用，大部分出自与其有利益关系的建筑企业的捐助。《德国刑法》在第331条第1款中规定了构成受贿罪应当具备"接受利益"的要件。从文义来看，这些官员所收受的财物当然属于"接受利益"。但是，德国联邦法院在裁判中指出，为了实现选举平等这一宪法基本原则，有必要对其刑法第331条第1款中的"接受利益"进行限缩性的解释，进而对上述官员不科以刑罚。❷ 在本案中，从刑法文义出发，实际上存在着多重解释可能。联邦法院结合宪法基本权利的要求，从中选取合乎宪法的解释可能作为解释结论，这是一种典型的合宪性解释方法的应用。

---

❶ ［德］斯特凡·科里奥特. 对法律的合宪性解释：正当的解释规则抑或对立法者的不当监护？[J]. 田伟译，华东政法大学学报，2016，19（03）：5-14.
❷ ［德］洛塔尔·库伦. 论刑法与宪法的关系 [J]. 蔡桂生译，交大法学，2015（02）：157-167.

二、日本：受到重视的合宪性限定解释

日本刑法也十分重视刑法合宪性解释的应用。他们一般将法律条文符合宪法设定为前提，也就是事先推定法律合宪，选择符合宪法规范的解释作为法律的解释结论，进而保持法律规范的有效性。因此，他们一般将这种解释方式称为"合宪性限定解释"。日本刑法学者前田雅英教授指出，如果认为法规本身违宪无效，那么就会影响过广。原则上，通过对现行法规进行合宪性限定解释，努力去除不当的处罚范围，这才是重点。实际上，刑法解释学是以"为了设定合宪、合理的处罚范围，如何进行实质性的解释"这种形式展开讨论的，很少将作为解释对象的法律条文的违宪性作为问题来考虑。因此，应当十分宽缓地肯定合宪性限定解释这一做法。❶ 日本的刑法合宪性限定解释具有较长的发展历程，其中，"少年淫行案"是一个具有代表性的案件。

案例 1-1：少年淫行案

所谓"少年淫行案"，是指 1985 年在日本发生的福冈县青少年保护培育条例事件。日本福冈县议会根据宪法制定了《福冈县青少年保护培养条例》（以下简称《条例》），该条例的主要目的在于对年满 14 周岁不满 20 周岁的青少年实施特定的法律保护。该条例第 10 条第 1 款规定，"任何人都不得对青少年实施淫秽行为或猥亵行为"；第 16 条第 1 款规定，"对 14 周岁至 20 周岁的青少年实施'淫行'的，构成刑事犯罪，判两年以下有期徒刑，或处十万以下罚金"。在本案中，被告人是一名 26 岁男子，自

---

❶ ［日］前田雅英. 刑法总论讲义 [M]. 曾文科译，北京：北京大学出版社，2017：50.

1981 年 3 月下旬开始同一个 16 岁女孩交往并在旅馆发生性关系。一审法院依据上述条款判决被告人有罪，二审法院支持了一审判决。被告人以刑事处罚规定含义"不明确"，违反宪法上的罪刑法定原则为由，上诉至日本最高裁判所。

经过审理，日本最高裁判所对《条例》中的相关条款作了如下解释：本条例的制定是为了实现对青少年健康成长的特殊保护。因为青少年的身心发育尚未成熟，容易受到性行为等的精神打击，并且不容易从中恢复。以青少年为对象的性行为妨碍青少年的成长，应当受到谴责。但是，这并不意味着一切与青少年发生的性行为都属于《条例》中规定的犯罪行为。从保护青少年的宗旨来看，《条例》第 10 条第 1 款中的"淫行"不应广泛包括对青少年的一般性行为，而是应该理解为通过诱惑、欺骗或胁迫等非法手段，趁青少年未成熟所进行的性交或类性交行为。换言之，只有在将青少年当作一种满足自己性欲望的手段时，才属于《条例》中所规定的"淫行"。试想，如果将诸如订有婚约或真挚交往的青少年间的性行为也涵摄在"淫行"之内，那么这种解释结论显然过于宽泛，容易受到犯罪构成要件不明确的批判。通过上述环节，本来不够明确、可能存在违宪疑虑的刑法规范经过解释就变得含义清晰，且与一般人的理解能力相符合，也就避免了《条例》中相关条款因为过于宽泛而被判定无效。日本学者认为本案属于典型的"合宪性限定解释"。❶

我国学者苏彩霞教授指出，尚未见到日本最高法院以刑罚法规不明确为由，宣布该法规违反《日本宪法》第 31 条而无效的

---

❶ 周育. 合宪性解释研究［M］. 上海：上海人民出版社，2021：22.

判例。❶ 这正好体现了前述合宪性限定解释的精神，即尽量保持刑法规范的有效性。如果刑法规范不够明确，可以通过解释使其内涵明确，进而合乎宪法的规定。为实现此目的，日本法院从以下两个方面展开合宪性的限定解释。一方面，当某些刑法规范直接涉及宪法所保障的言论、集会等基本权利行使时，应当从保护宪法基本权利的角度出发，对此类刑法规范进行严格的限定解释，避免对公民基本权利的行使造成不当干涉，这在很多司法案件中都得到了应用。在这些案件中，法院从保障宪法言论自由权出发，对相关刑法概念进行了目的性的限缩，体现了合宪性限定解释的应用。例如，关于鼓动他人实施罢工的挑唆行为是否构成《日本地方公务员法》第 61 条中的"煽动行为"，日本最高法院指出，这种行为属于实施罢工行为时所通常伴随的行为，不应当受到处罚。❷ 另一方面，对于不涉及言论、集会、就业等宪法基本权利的刑法规定，法院主要是从"法规内容的刑事处罚必要性"角度进行考量，对刑法规定进行限制解释。❸ 例如，在日本"高周波器案"中，行为人未经批准使用高周波器进行营业性治疗，这可能涉及违反《日本按摩师、针灸师以及柔道整理师法》第 12 条中规定的"类似医疗行为"。❹ 但是，法院经过审理认为，法律之所以规定惩罚类似医疗行为，是考虑到这些行为可能会危害人体健康。而本案中行为人使用高周波器的营业性治疗行为虽然未经有关部门批准，但其对人体的危害性还是值得进一

❶ 苏彩霞. 罪刑法定的实质侧面：起源、发展及其实现——一个学说史的考察 [J]. 环球法律评论, 2012 (01)：54-67.
❷ 黎宏. 日本刑法精义 [M]. 北京：中国检察出版社, 2004：51.
❸ 黎宏. 日本刑法精义 [M]. 北京：中国检察出版社, 2004：52.
❹ [日] 野村稔. 刑法总论 [M]. 全理其、何力译, 北京：法律出版社, 2001：48.

步考察的。因此，不能单纯以被告人实施了上述行为而直接认定其构成犯罪。❶

三、美国："宪法回避原则"的普遍适用

英美法系国家是否存在严格意义上的合宪性解释，存在一定的争议。美国历来重视宪法对刑法的制约作用，但是这种作用的发挥更多是通过对刑事立法的合宪性审查来完成的。❷ 美国法院在对待刑法法规的违宪问题上是较为主动的。如果刑法出现违反宪法的情况，其通常会被法院直接废止。

例如，在美国刑法中，行使宪法权利的行为不得被规定为犯罪。这源于宪法对刑法的直接制约。美国宪法第一修正案规定，禁止制定任何剥夺公民的宗教信仰自由、言论出版自由、集会请愿自由的法律。当然，宪法对言论自由等基本权利的保护并非无度的，美国在历史发展中形成了独特的权利保护制度。在对言论自由行使限度的判断中，美国一般奉行的是"明显、即刻和现实的危险"原则。申言之，只有发表言论具备上述危险时，国家才能够对之进行干预。否则，国家对言论的干预就是违反宪法的。美国由于自身国情和历史发展状况，对于公民言论行使限度的规定是非常宽松的。著名的"焚烧国旗案"就是一个典型的例子。在 1984 年，得克萨斯州左翼青年约翰逊，为抗议里根的共和党政府而当众焚烧了一面美国国旗。事后约翰逊因亵渎国旗罪受到得克萨斯州警局的指控，并被判处一年有期徒刑。约翰逊不服，

❶　苏彩霞. 刑法解释的立场与方法 [M]. 北京：法律出版社，2016：72-73.
❷　储槐植，江溯. 美国刑法 [M]. 北京：北京大学出版社，2012：15-24.

上诉至联邦最高法院。经过法庭的激烈辩论，联邦最高法院最终以5：4的微弱优势判决约翰逊无罪，宣布他焚烧国旗的行为属于言论表达，受到美国宪法第一修正案言论自由条款的保护。并且，宣告得州法律中"任何人故意或明知地亵渎公共纪念碑、教堂或墓地、州旗或国旗，即为犯罪"条款因违反宪法而无效。从上述案例来看，美国对于刑事法规的宪法审查一般采取刚性策略，直接对其中的违宪条款进行废止，而并未采用解释方法来维系刑事法规的效力。

但是，亦有论者指出，美国虽然没有"合宪性解释"的特定称谓，但事实上，美国在司法中奉行了"宪法回避"的基本原则，这与合宪性解释在内在上存在共同之处。两者在判断法律是否合乎宪法时，都尽量从合宪的角度对法律进行解读，进而维持规范的有效性，避免做出违宪判断。"宪法回避原则"是美国宪法的基本原则之一，也是美国宪法理论经久不衰的核心论题，其具有悠久的发展历史。"宪法回避原则"经历了"古典回避"和"现代回避"两个发展阶段。"宪法回避原则"的最初表达出自霍姆斯大法官，也被称为"古典回避"原则，其内容表述为："法律规范有两种可能的解释，其中一种会构成违宪，而另一种是有效的，那么我们的任务就是选择那种能够挽救法律的。"[1] 根据"古典回避"原则，法官在进行法律解释之前，应当对法律是否违反宪法做出明确判断，然后才能选择合乎宪法的解释结论。"现代回避"原则出自1936年布兰代斯大法官担任裁判的"阿什旺德案"。在本案中，布兰代斯大法官归纳了美国判决先

---

[1] 周育. 合宪性解释研究［M］. 上海：上海人民出版社，2021：7-8.

例中用以回避宪法判断的 7 条规则，其中第 7 条要求，"如果国会法案的有效性陷入争议，即使该法案引发了重大的合宪性疑问，法院也必须首先确定是否有可能适用能够回避宪法问题的法律解释"。❶ 通过该条规则，布兰代斯大法官实际上对所有联邦法院法官在进行法律解释时施加了一项特定义务，即当法院对法律条文产生违宪疑惑时，应当对法律条文进行狭义解释，进而保持法律的合宪性。就此意义而言，不能认为美国完全不存在刑法合宪性解释的应用。美国刑法的合宪性解释应用，实际上就蕴含在"宪法回避原则"之中。两者虽然称谓不同，但在内在精神上具有共通性，即通过解释实现法律条文的合宪性。实际上，在美国的一些刑事判例中，存在通过对刑法条文的限制解释进而实现合宪性结果导向的情形。

案例 1-2：联邦诉星光影视公司案

联邦诉星光影视公司案是刑法应用"宪法回避原则"的一个典型案例。在本案中，星光影视公司向卧底警察售卖了带有儿童参与的色情录像带，被指控违反了《保护孩童免于性剥削法》中禁止"运输、接收、分发、复制未成年人参与的影视色情资料"的规定。❷ 本案的解释争议之处在于，是否要求行为人明知性表演者是未成年人。上诉法院认为该法中虽然规定了"知道"，但是修饰的对象是具体行为，即"运输、接收、分发、复制"，而非性表演者。显然，这是一种单纯从文义出发的解读。照此解释结论，本法中的此项条款就有可能因为违宪而被宣告无

❶ 周育.合宪性解释研究［M］.上海：上海人民出版社，2021：7-8.
❷ 刘义.彰显宪法与尊重立法——回避宪法判断的司法技术及其法理［J］.浙江社会科学，2022（03）：50-57.

效。对此，最高法院指出，仅从文义来看，该法中的"知道"确实只针对行为而非针对对象，但是，这种理解方式将会导致法律产生违宪的风险。从"宪法回避原则"的角度出发，应当将"知道"理解为对性表演者是未成年人的"明知"。具体理由如下：第一，仅从文义所做的解释不符合国会的立法意图。第二，从刑法解释的规则来看，要求对行为对象具备"明知"要件。因此，即使法律本身没有规定，或者规定得不够明确，也应当作此意义上的解读。第三，从对未成年人倾斜保护的原则出发，也应当对未成年人和成年人色情的保护进行区分。因此，尽管法律中没有明确规定"明知"性表演者是未成年人，但是，完全忽略明知表演者年龄的要件，将会导致法律产生合宪性的质疑，这种解释方法是不可取的。● 在本案中，法院依照"宪法回避原则"将刑事法规中的"知道"一词扩充解释为"明知"，从而避免了刑法法规的违宪结果。这实际上是一种利用"宪法回避原则"（或称为合宪性解释方法）来解释刑事法规的路径。

"宪法回避原则"在美国司法实践中发挥了重要的作用。美国没有将合宪性解释作为独立的解释方法进行理论研究，这可能源于英美法系国家较为注重法律实践，相对降低了对解释方法理论的重视。但是，这并不意味着以美国为代表的英美法系国家缺乏对合宪性解释的关注。恰恰相反，美国围绕"宪法回避原则"，对通过解释方法来保持法律规范的合宪性问题进行了深入研究。而且，这种研究通常直接源于现实司法实践中的具体案

● See United States *v.* X – Citement Video，Inc，513 U. S. 64（1994）. 转引自李松锋. 宪法回避理论及其适用界限［J］. 清华法学，2017（02）：117.

例，具有很强的实用性和针对性。在刑法合宪性解释的发展历程中，美国实际上也发挥了独具特色的作用。

四、域外国家刑法合宪性解释的启示

域外刑法合宪性解释率先将宪法和刑法切实联系起来，为实现刑法的宪法制约提供了一条有别于传统的"将刑法条文宣布违宪并废止"的路径，对于研究刑法的合宪性解释问题具有重要的启示。

第一，从刑法和宪法的关系来看，宪法对限制刑罚权的滥用能够发挥独特的作用。宪法和刑法在法律体系中都具有重要地位，同时二者之间具有紧密的联系。从对待公权力的态度来看，宪法和刑法具有高度的一致性，即两者都是"限权法"。现代宪法以限制公权力、保障私权利为核心，而刑法也是一部以限制刑罚权发动为基本立场的法律。无论是宪法还是刑法，都蕴含了这样一个设定：公权力天然具有扩张性，因此需要以法律的手段对公权力干涉的范围和程序进行相应的限定。正因如此，现代意义上的宪法和刑法都是思想启蒙运动深入展开后，在公民基本权利受到高度重视的环境下才产生的。但是，从保护公民权利的方式来看，宪法和刑法存在很大的区别。宪法是"授权法"，直接规定了公民应当享有的基本权利。而刑法虽然也被称为人权保障法和"犯罪人的大宪章"，但却是以"剥权法"的面貌来实际运行的。因为，刑罚的本质就在于其剥夺性，通过剥夺犯罪人的自由权、财产权乃至生命权，进而实现打击犯罪和保障人权的基本目的。因此，宪法和刑法具有天然的矛盾关系。刑法和宪法之间需要必要的互动，刑法尤其需要来自宪法层面的限制。如果把刑法比作一支"矛"，宪法就像一张"盾"，如果缺乏宪法的必要制约，刑法这支"矛"就是非常危险的。因此，现代国家借助宪法对刑罚权进行不同形式的限制，进而实现刑法的合宪性，确保公民基本权利不会受到刑法的不当干涉。

第二，与立法变动相比，通过法律解释的方式实现刑法的宪法制约是一种较为温和可行的办法。域外国家传统的宪法制约刑法机制主要是通过立法环节展开的，典型的如前述美国的宪法审查制度，审查机关依据宪法基本权利、正当程序原则等标准对刑法规范进行审查监督，将违反宪法的刑法规范直接予以废止。但是，法律的新立、修改、废止是一项审慎的工作，轻易变动某一法律条文会导致一系列的影响，对立法权威也会造成损害，而刑法的合宪性解释则避免了这一点。合宪性解释是以合宪性推定为前提的，其要求在避免违宪判断、尽量保存刑法规范效力的情况下实现刑法的合宪性，这是一种十分高明的解释机制。正如日本学者前田雅英教授所指出的，如果认为法规本身违宪无效，那么就会影响过广。原则上，通过对现行法规的实质性解释，努力去除不当的处罚范围，这种合宪性限定解释才是重要的。❶ 通过刑法合宪性解释实现宪法对刑法的制约，这对于我国刑事司法的理论与实践具有重要的启示。刑法的合宪性解释既不像域外国家的宪法审查机制那样的激进，也可相当有效地实现宪法对刑法的制约，这有利于将宪法人权保障的理念贯彻到刑法适用中，从而有效实现对刑法的外部控制。

---

❶ ［日］前田雅英. 刑法总论讲义［M］. 曾文科译，北京：北京大学出版社，2017：51.

第三，应当将合宪性解释与合宪性审查进行"解绑"。在受到上述启发的同时，也应该注意到，域外国家的刑法合宪性解释多数是在宪法审查环节进行的。例如，在德国，合宪性解释是一种回避违宪判断的方法。联邦宪法法院在对法律进行宪法审查，且法律存在多种解释可能时，其中部分解释结果违宪，部分解释结果合宪，那么法院就不应当认定该法律规范是违宪的，而应当采纳合宪的法律解释可能，进而维持法律规范的效力。换言之，合宪性解释的适用是为了避免违宪结果的出现。● 我国的宪法适用机制与域外国家存在较大差异，在宪法审查中应用合宪性解释实际上发挥空间有限。因此，如果不能跳出此思维限制，在我国讨论所谓的刑法的合宪性解释问题无疑就成为一种纯粹的学术思辨，而很难落地于实践。刑法学作为一门理论与实践并重的学科，仅止步于理论的研究无疑是有重大缺憾的。近年来，学者们开始认识到，在宪法审查制度之外，也可以在普通司法案件的裁判中通过合宪性解释来实现刑法的宪法制约。也就是说，没必要一定将合宪性解释与合宪性审查进行绑定，合宪性解释在普通司法案件的裁判中也能适用。在此意义上，不能僵化地理解合宪性解释的适用场域，而应当在吸取域外国家合宪性解释经验的基础上，走出一条具有中国特色的合宪性解释新路径。

总之，刑法合宪性解释作为法律解释方法或机制，一定程度上具有可移植到世界各国的普适性，但是，我们也必须意识到我国与域外国家在合宪性解释运用所依托的体制机制上存在巨大差

● 陈新民. 法治国公法学原理与实践（上）[M]. 北京：中国政法大学出版社，2007：434.

异，同时，域外各国同样存在差异，皆有符合自身国情的合宪性解释概念与运行机制。学界应当确立本土化、精细化与实践化的研究取向，在本土语境下对刑法合宪性解释的运用规则进行探究。

第三节　刑法合宪性解释的正当根据

一、刑法合宪性解释的正当根据争论

为什么需要对刑法进行合宪性解释？这涉及刑法合宪性解释的正当根据问题。从表面上来看，这似乎是一个无须过多争议的问题。因为宪法在我国的法律体系中具有独特的地位，即宪法是国家的根本法，是治国安邦的总章程，具有根本性、全局性、稳定性、长期性。[1] 宪法作为我国的根本大法，具有最高的法律效力，任何法律都不能与宪法的规定相违背。作为部门法的刑法，其制定与解释当然需要符合宪法的规定，刑法合宪性解释具有无可置疑的正当性。那么，这是否意味着刑法合宪性解释的正当性根据问题已经被彻底解决了，不需要详细进行讨论了？答案是否定的。实际上，刑法合宪性解释的正当性问题正是隐藏在上述所谓"宪法母法说"或者"宪法依据说"的背后，其理论内涵并未被阐释清楚。这也正是刑法合宪性解释问题长期未得到学界重

---

[1] 中共中央文献研究室编．十八大以来重要文献选编（上）[M]．北京：中央文献出版社，2014：88．

视的深层次原因。

刑法的合宪性解释问题实际上面临着正当性的质疑，经过笔者梳理，这些质疑可以总结为以下几个方面。

第一，有学者认为，进行刑法的合宪性解释必须先对宪法进行解释，而我国宪法的解释权被专属赋予全国人大常委会，司法机关并没有宪法解释权，因此，在我国并不存在进行刑法合宪性解释的空间。例如，王广辉教授指出，由法院进行合宪性解释面临着法律制度上的一些障碍。因为根据我国的宪法运行制度，全国人大及其常委会拥有监督宪法实施的权力。而根据《中华人民共和国宪法》（以下简称《宪法》）第 67 条规定，只有全国人大常委会拥有宪法解释权。在此意义上，法院只有适用普通法律的权力，而没有适用宪法的权力。虽然宪法规定了一切国家机关都应负有保障宪法实施的职责，但是法院履行这项职责主要是通过适用普通法律的形式来实现的。❶ 也就是说，由司法机关在审理刑事案件中进行所谓合宪性解释是"有心无力"。

第二，有学者认为，刑法等部门法有其自身历史发展和理论建构，进行刑法解释主要是刑法自身体系内部的事，宪法作为根本法规定的是国家权力和制度等重要内容，似乎不应当对刑法解释产生具体影响。这种观点其实是较为隐晦的，几乎没有刑法学者公开提出。但是，这种观点其实是隐藏在很多刑法学者的文字表述和学术研究取向之中。应当说，部门法的这种独立倾向在民法学界反映得最为明显。在《中华人民共和国物权法》（以下简

---

❶ 王广辉. 论法院合宪性解释的可能与问题 [J]. 四川大学学报（哲学社会科学版），2014（05）：155－160.

称《物权法》，已失效）制定的过程中，一些民法学者甚至直接提出《物权法》不宜加上"根据宪法，制定本法"。❶ 宪法学者将这种部门法的独立倾向称为"部门法帝国主义"。这虽然略显夸张，但无疑是十分形象的。我国《刑法》第1条开宗明义地规定："为了惩罚犯罪，保护人民，根据宪法……制定本法。"在我国的刑法教科书中，一般将"根据宪法……制定本法"这一内容总结为"刑法制定的宪法根据"。例如，张明楷教授在《刑法学》中阐述道："宪法是制定刑法的法律依据，刑法的制定应以宪法作为根本准则；刑法不能与宪法相抵触，而应与宪法相协调。"❷ 宪法根据说基本得到了刑法学界的公认。这可能是由于刑法与宪法同属公法，两者在限制公权力、保障公民权利方面有着相似的价值立场。但是，仍需遗憾地指出，尽管刑法学界公认上述理论，也似乎仅止步于"根据宪法……制定刑法"这一命题的表象，却无意对其展开更深入的探讨。

我国刑法学者夏勇教授指出："习惯于注释研究的我国刑法学，竟然没有对'以宪法为根据'和'根据宪法'这样的带有根本性的刑法规定，加以展开和详细阐释。这是耐人寻味的。"❸ 宪法学者白斌也不无遗憾地感叹，刑法学者只是在讨论刑法渊源时提及宪法，在分析具体刑法问题时常常忽视宪法的存在。❹ 这

---

❶ 林来梵，朱玉霞. 错位与暗合——试论我国当下有关宪法与民法关系的四种思维倾向 [J]. 浙江社会科学，2007（01）：83 – 90.

❷ 张明楷. 刑法学（上）[M]. 北京：法律出版社，2016：25.

❸ 夏勇. 美国刑法的宪法制约及启示 [N]. 检察日报，2002 – 09 – 20.

❹ 张翔，林来梵，韩大元，等. 行宪以法，驭法以宪：再谈宪法与部门法的关系 [J]. 中国法律评论，2016（02）：1 – 21.

种学术研究的倾向恰恰反映了，刑法学者在关注刑法理论自身建构的同时，忽略了宪法作为根本法的作用发挥。正是在这种学术思想的影响下，对刑法进行合宪性解释是否具有合理性，当然就成为一个悬而未决的问题。

第三，有学者提出，宪法中的法律保留、比例原则等基本理念已经被刑法的罪刑法定、罪责刑相适应等原则所吸收，照此推论，也就没有必要再进行所谓的刑法合宪性解释。如田宏杰教授认为，比例原则的三个子原则——适当性、必要性以及狭义的比例原则已然存在于刑法理论之中，它们分别对应着法益保护原则、刑法谦抑原则以及罪刑均衡原则。❶ 再如曲新久教授认为，用宪法来解释法益问题，现实意义不大。因为所有的刑法法益都是宪法法益，很难从宪法高度去限制刑事政策的过度化。❷

对于前述论者对刑法合宪性解释正当性提出的种种质疑，本书不能赞同。之所以会产生上述质疑，实际上是由于前述学者对刑法合宪性解释的概念及适用条件存在一些误解。下文首先对上述质疑予以反驳，借以廓清刑法合宪性解释正当根据上的一些误区。

就第一点而言，前述论者的疑虑有一定道理，但也存在认知上的偏差。刑法合宪性解释的对象是刑法条文，而进行分析时的依据是宪法规范。但是，宪法规范具有高度的抽象性。因此，在对刑法条文进行合宪性解释时，必须首先对宪法内涵进行解释。

❶　田宏杰. 比例原则在刑法中的功能、定位与适用范围［J］. 中国人民大学学报，2019，33（04）：55－67.

❷　梁根林主编. 当代刑法思潮论坛（第二卷）——刑法教义与价值判断［M］. 北京：北京大学出版社，2016：152.

这里存在一个可质疑之处就是，我国《宪法》第 67 条第 1 项已经明文规定，只有全国人大常委会才有权"解释宪法"。正因如此，前述论者才对刑法合宪性解释的正当性提出了质疑：既然法官根本无权解释宪法，那么又如何依据宪法进行合宪性解释呢？对于上述规定，宪法学界已经展开了一定的争论。❶ 本书认为，可以从以下角度来理解宪法此项规定：全国人大常委会所拥有的宪法解释权是一种"专属解释权"，是指在制定规范性解释文件时的权力，主要指对宪法类型化问题进行的解释。此条规定并没有一律禁止其他主体理解、阐释宪法规定的权利。宪法作为国家根本大法，一切主体都具有遵守宪法的义务。在这种情况下，无论是普通公民还是其他主体，自身当然可以对宪法做出自己的理解或阐释，否则又如何履行遵守宪法的义务。与此类似的是，司法裁判者在进行司法裁判时，也具有遵守宪法的义务。在这种情况下，司法工作人员在进行合宪性解释时，当然可以主动探寻宪法规范的含义，进而用来指导和制约刑法解释。因此，并不能仅依据前述《宪法》第 67 条第 1 项的规定，就否定刑法合宪性解释的正当性。对此问题，周光权教授亦指出，解释宪法等权力虽然由全国人大及其常委会行使，但这并不妨碍法院在司法中进行必要的宪法判断。❷

就第二点而言，刑法等部门法的解释适用当然主要是刑法体系本身的任务，但是不能因此而忽略宪法对其的限制作用。这里的主要问题就是如何认识宪法与刑法的关系。一方面，不能过度

---

❶ 王书成. 论合宪性解释方法 [J]. 法学研究，2012，34（05）：50 – 68.
❷ 周光权. 刑事司法领域的宪法判断与刑法制度文明 [J]. 中国社会科学，2022（08）：4 – 23.

夸大宪法对刑法具体内容适用的影响。宪法是根本法，它只是规定国家的根本问题，但是其并不是法律汇编，不可能包括所有法律的内容。如果把"宪法设定为法律总则，宪法学成为部门法总论"，这不仅会限制部门法的发展，还会贬损宪法所具有的根本法地位。我们不可能期待也不会赞同，规定国家权力分配、国家机构职权等重大内容的宪法会规定犯罪与刑罚的具体内容。但是，也不能走向另一个极端，认为刑法等部门法的发展可以自给自足，不需要在意宪法的影响。实际上，宪法作为法秩序的统领者，其根本任务就在于实现基本权利保障。包括刑法在内的部门法都是在宪法的安排下，根据自身特点来发挥作用。宪法作为国家的根本法，为刑法等部门法的作用发挥设定了一定的边界。这要求刑法在解释适用的过程中不能逾越宪法设定的边界，更不能在发挥刑法作用时侵害公民的基本权利。实际上，近年来刑法的解释适用就是因为在一定程度上脱离了宪法的限制，因而出现了过度扩张现象。这是法学理论界和实务部门人员应当进行省思的。宪法作为法律体系中的根本法，同时也是刑法的上位法，此时就成为限制刑法解释的一个绝佳方式。因此，以刑法自身发展具有独立性而拒绝接受合宪性解释的调控显然是不合理的。

就第三点而言，不能认为宪法基本原则都已经被刑法原则所吸收或具体化。例如，宪法比例原则与刑法的谦抑性原则看似相同，但仍存在以下重大区别：第一，比例原则具有宪法层面的效力，我国宪法虽然没有明文规定比例原则，但是可以从人权保障等条款推导出此规定。而刑法谦抑性只是刑法理论上的一种学说，并没有被刑法所明文规定。第二，比例原则属于宪法层面的基本原则，在所有公法领域都具有指导意义。而刑法谦抑性原则则属于刑法内部的理论，只对刑法领域具有制约作用。第三，比例原则具备宪法层面的效力，对于公权力具有强制性制约作用。借助合宪性解释，比例原则可以发挥其合宪性控制的功效。但是，刑法谦抑性只能借助司法适用者的理论自觉性，通过自我约束的方式予以适用。既然违反刑法谦抑性并不必然导致刑法解释的无效，那么，其对于最高司法机关制定刑事司法解释和法官解释适用刑法的制约效力是有限的。第四，比例原则具有比刑法谦抑性更宽泛的内涵。比例原则包括适当性、必要性和均衡性三项子原则，对于限制刑法扩张具有更为细致的要求。而刑法谦抑性仅仅表达了比例原则中必要性原则的内涵，明显窄于比例原则的要求。由此来看，比例原则以其特有的内涵价值和规范效力，能够对刑法解释发挥刑法内部理论所不具备的制约作用。

以上是对刑法合宪性解释正当性质疑的反驳，但是仅对上述批判进行回应仍然不足以化解刑法合宪性解释正当性的质疑。我们仍需要从正面论证刑法合宪性解释的正当根据。下文从理论根据和现实根据两个方面展开对刑法合宪性解释的正当根据的论证。

二、理论根据：落实法秩序一致性的要求

刑法合宪性解释首先是法秩序一致性原理的要求。一般认为，法理学家汉斯·凯尔森首次提出了法秩序一致性理论。其认为，一个共同体的法律规范的总和构成一个法律秩序或法律规范体系。效力是规范的特征，每一个规范效力都来自另一个更高的规范，"一个不能从更高规范中引出其效力的规范，我们就称为

‘基本规范’”。❶ 这里的基本规范，在一国实在法体系中指的其实就是宪法。按照凯尔森的理论，包括刑法在内的部门法的效力都是从宪法中获得的。法秩序一致性的理论在德国得到了普遍的认同。我国台湾地区学者杨仁寿指出："关于法令之解释，位阶较低者，应依位阶较高者之规范意旨为之，期能实现位阶较高之规范目的，使法秩序犹如金字塔，上下井然有序。"❷ 本书认为，法秩序统一性原理的核心是要求排除规范矛盾，防止同样的行为既被禁止又被允许，从而为公民提供一致的行为指引。

法秩序统一性表达了一种系统思维。在系统思维下，不允许出现评价上的矛盾。法律体系就是一个整体系统，将具体案件事实输入此系统以后，即使是在不同部门法的视域下，也应当得出相同的法律后果。如果同一法律事实在法律系统中会产生不同的法律后果，这就会破坏系统所应当具有的统一性。为了避免这种矛盾后果的产生，法秩序其实隐含着了一种金字塔状的实质评价体系。也就是说，在法律体系中，不同法律规范在效力层级上并非完全一致，其实呈现了一种"层级结构"，其间有高下之分。在这种层级结构中，高位阶的法律优于低位阶的法律，❸ 这为法官适用法律提供了基本的指引。在我国法律结构中，宪法无疑居于最高地位，宪法作为上位法，对刑法和民法等下位法具有制约作用。但不得不指出的是，法秩序的统一性实际上是立法者的期

❶ 梁晓俭. 试论凯尔森基础规范理论的合理性 [J]. 现代法学, 2002, 24 (01)：134 –138.
❷ 杨仁寿. 法学方法论 [M]. 北京：中国政法大学出版社, 2013：176.
❸ [德] 伯恩·魏德士. 法理学 [M]. 丁小春, 吴越译, 北京：法律出版社, 2003：118 –119.

望。实际上，仅通过立法不能完全实现法秩序的统一性。一方面，立法者本身的能力和技术是有限的。立法者不是通晓万物的"哲学王"，立法过程也充满了对各种因素的权衡。我们不能向立法者寄予不切实际的期望，将实现法秩序统一的任务完全寄托给立法者。另一方面，法律体系是非常纷繁庞杂的，不同法律的制定时间并不相同。在这个立法活性化的时代，每年、每月甚至每天都会有新的法律规范被制定出来。如果期待早期制定的某部法律同之后制定的另一部法律之间可以完美协调，这无疑是不现实的。此外，立法机关虽然名义上是一个主体，但是立法的具体过程依然是靠立法工作人员来完成的。在漫长的立法进程中，立法工作人员也在不断更迭。因此也就不难理解，有时候同一立法机关制定的法律，也会出现前后矛盾、抵触的地方。立法者其实是通过制定和修改法律化解一次次矛盾，这反映的正是不同时代、不同主体价值观念的冲突。❶ 因此，立法其实是在各种价值考量之间进行的一种综合性权衡。

由于立法者并不能完全实现法秩序一致且无矛盾的要求，因此，维护法秩序统一的任务就落到了法律适用者的身上。法律适用者在适用法律时，首要的任务就是找法，即司法适用三段论中的寻找裁判大前提环节。无论适用哪一法律规范，法律适用者都不能仅着眼于此部法律规范的内容，而应当将之置于整个法律体系中，将之作为法律体系的一分子加以适用。例如，刑法适用者在适用刑法时，还应当注意民法、行政法等相关法律的规定，当

---

❶ [德] 伯恩·魏德士. 法理学 [M]. 丁小春，吴越译，北京：法律出版社，2003：121.

然，更应该注意上位法宪法的规定。换言之，适用刑法时不能违反民法、行政法等法律，更不能违反上位法宪法。法律体系统一性的实现离不开法律解释的应用。在解释适用法律时，解释者应当认为自己其实比立法者更聪明、更能够理解法律的规范内涵和价值要求。既然立法本身必然存在矛盾和漏洞，法律解释者就必须依据现有的法律规范，通过解释的形式对案件做出一个清楚的、没有矛盾的判决。❶ 宪法和整个法律规范的总和的"统一性"理想状态需要借助对法律的公正解释来实现。❷ 在适用法律规范出现矛盾时，应当将之置于法秩序体系中进行恰当的解释，进而实现法律适用的统一性，维护法的安定性以及公民对司法的信任。❸

　　在法秩序统一性原理被普遍认同的情况下，对刑法进行合宪性解释成为当然的结论。因为在一国的法秩序体系中，宪法处于顶端地位，而刑法作为下位法，其解释适用当然应当符合宪法的规定。宪法统领下的法秩序应当是统一且无矛盾的，宪法在由其确定的法秩序框架下，根据不同法律的规制范围和规制手段的特点来分配安排任务，因此，在对刑法等部门法的解释中都应当符合宪法规范的要求。在此意义上，可以衍生出刑法的合宪性解释、民法的合宪性解释与行政法的合宪性解释等诸多子领域。按照法秩序一致性原则的要求，无论是宪法与部门法之间还是各个部门法之间，都不能出现内在的矛盾。例如，宪法上的权利行使

❶ ［德］伯恩·魏德士. 法理学［M］. 丁小春，吴越译，北京：法律出版社，2003：68.
❷ ［德］G. 拉德布鲁赫. 法哲学［M］. 王朴译，北京：法律出版社，2005：129.
❸ ［德］伯恩·魏德士. 法理学［M］. 丁小春，吴越译，北京：法律出版社，2003：120－123.

行为不能被认定为刑事犯罪，民法上的权利行使行为也不能被认定为刑事犯罪。

法秩序一致性原理也体现在我国《宪法》和《刑法》的具体规定上。我国《宪法》第5条第4款规定："一切国家机关和武装力量、各政党和各社会团体、各企业事业组织都必须遵守宪法和法律……"既然"一切国家机关"都应当遵守宪法，法院作为国家机关的一部分，当然也具有遵守宪法的义务。过去我们常常把遵守宪法的义务理解为不违反宪法。但是，不违反宪法只是遵守宪法的最低限度的义务。如果从积极的一面去理解这种义务，就意味着法院在适用法律对案件进行裁判时，必须将宪法的原则和规则贯穿解释过程之中，保证其所适用的刑法是符合宪法的。正如张翔教授所指出的，根本不存在逍遥于宪法规范力之外的法院和法官。❶

我国《刑法》第1条中的"根据宪法……制定本法"也要求刑法应当进行合宪性解释。"根据宪法……制定本法"意味着宪法对刑法在内的部门法秩序的形成具有重要的影响。尽管本条规定是针对刑事立法的，但我们也应当意识到，在立法完成以后，刑法的主要任务就是如何解释适用刑法规定。从当然解释的角度出发，既然刑事立法应当受到宪法的限制，那么刑法解释也当然需要接受宪法的约束。张明楷教授在论及刑法制定应当遵循宪法之后，就提出了刑法解释的合宪性要求。❷"根据宪法……制定本法"的核心问题是宪法到底在哪些内容和何种程度上影响包括刑法在内的部门法。对此问题，我们可以作如下两方面的理解。

❶ 张翔. 两种宪法案件：从合宪性解释看宪法对司法的可能影响 [J]. 中国法学，2008（03）：110－116.
❷ 张明楷. 刑法学（上）[M]. 北京：法律出版社，2021：46－47.

一方面，宪法作为根本大法，不可能事无巨细地对刑法等部门法的内容做出细致规定。这种要求是宪法无力承担，也不应承担的。另一方面，也不能认为该条款的规定仅仅具有宣示意义，应当从更加规范化、实质化的角度去理解此条款的含义。实际上，"根据宪法……制定本法"意味着刑法解释应当在内容形成和边界控制两个层面来落实宪法的制约。在内容形成方面，宪法规定了对公民权利保护的基本内容，民法、行政法、刑法等法律都应当结合自身特点来落实宪法对基本权利的保护。刑法作为保障法，当其他法律出现保护不周时应当发挥后盾作用，以其特有的强制力为宪法基本权利提供终极保障。但是，刑法作为制裁手段最为严厉的法律，其干涉边界也应当受到宪法的控制。因此，在进行刑法解释时，特别应当注意刑法的干预范围存在边界，不应逾越刑法规定的范围来实现所谓的法益保护，这很有可能会不当压缩公民的合法自由空间。

三、社会根据：合理应对风险社会的需求

晚近以来，随着工业化进程的高速推进，人类社会面临的风险开始呈现爆炸式增长。恐怖主义、环境问题、交通运输、生物医疗等领域出现的问题层出不穷。现代性正在从古典工业社会的轮廓中脱颖而出，正在形成一种崭新的形式——风险社会。❶

风险社会中的"风险"具有以下基本特征。一是不确定性。工业社会的社会风险，如污水排放、空气污染、垃圾堆放等都是人类可以明显感知的风险，而风险社会中的风险则是人类无法明

---

❶ ［德］乌尔里希·贝克. 风险社会［M］. 何博文译，北京：译林出版社，2004：2.

显预测和感知到的，是一种短期或长期的对动物、植物或人的影响。二是毁灭性。在工业社会下，风险总体来说是可控的。即使发生重大的事故，其影响的范围和领域仍旧是有限的。但是，风险社会下的风险则呈现出不可控的趋势，一旦发生，可能对人类造成不可逆的危害。例如，对生物基因进行编辑改造会污染整个人类的基因库，这可能会对人类的子孙后代产生无法扭转的不良影响。三是全球性。在当今全球化的时代，没有任何一个国家在面对社会风险时能够做到独善其身。例如，全球气候变暖会导致整个地球气候的变化，这种风险的威胁是针对整个人类的，而并非某一个国家。

为了应对这种变化，人们开始思考刑法在控制社会风险中应当发挥怎样的作用。一部分学者认为，应当倡导一种风险刑法观。❶ 风险刑法要求刑法在控制社会风险时应当积极作为，从而发挥更加重要的作用。风险刑法认为，在风险社会下，许多犯罪一旦实施，就会造成不可估量的损害。因此，不能等到实害结果已经出现后，刑法才予以介入。刑法应当在法益侵害的早期阶段就介入其中，进而实现对法益全阶段的保护，这也就是所谓的刑罚处罚早期化。同时，由于风险具有不确定性，某些危害结果的发生可能并非出自行为人的故意或过失。但是，为了对类似风险进行管控，不能再依照传统刑法观中的罪责原则，而是应当按照风险管辖的原理，即谁对风险具有支配能力和管控义务，谁就应该对风险造成的结果负责。❷ 在这种情况下，古典刑法所坚守的

❶ 陈晓明. 风险社会之刑法应对 [J]. 法学研究，2009，31（06）：52 – 64.

❷ 劳东燕. 过失犯中预见可能性理论的反思与重构 [J]. 中外法学，2018，30（02）：304 – 326.

罪责原则也发生了动摇。另一部分学者则认为，风险刑法是对古典刑法的彻底背弃，刑法本身就是以限制刑罚权发动为目标预设的。如果单纯将刑法作为社会风险管控的工具，将会导致公民权利和自由的萎缩。近年来的刑法扩张趋势应该被叫停。刑法仍应当保持其后置法和二次法的本色，坚守谦抑性的原则，避免过度干预社会生活。❶

　　问题的关键在于，在风险社会下刑法应当如何合理应对？应当说，僵化地坚守古典刑法的立场，拒绝承认风险社会的现实，显然是一种鸵鸟主义的态度，实际上是不可取的。古典刑法观的诞生有其自身的历史背景，其对于限制封建刑法的擅断，进而约束刑罚权的滥用发挥了重要作用。但是，这并不意味着古典刑法观就是不刊之论，在任何时候都不能被改变。所谓时移则事异，刑法理论本身就是时代的产物。随着社会环境的急速变迁，刑法理论也应当与时俱进。风险刑法理论有利于将社会风险控制在早期阶段，进而实现对刑法法益的全阶段、周延性保护，实际上有其可取之处。当然，全面地采用风险刑法理论也并非一种合理的选择。这会对自由刑法造成严重的损害，并且对公民的基本权利和自由造成过度的侵蚀。因此，合理正确应对风险社会的核心仍在于如何把握刑法干预社会生活的限度，这其实体现为如何处理刑法法益保护机能与人权保障机能之间的关系。我国刑法学界普遍认为，法益保护和人权保障之间不存在必然的顺序排位。正如我国刑法学者王良顺教授所指出的："刑法法益保护机能与自由

<hr />

❶ 刘艳红．"风险刑法"理论不能动摇刑法谦抑主义［J］．法商研究，2011，28（04）：26-29．

保障机能应当是动态的平衡，而且这种动态的平衡还必须伴随社会生活的变动来不断地作出调整，而不能一成不变。"❶

为了合理应对风险社会的到来，合宪性的刑法解释观提供了一个较为适当的方案。一方面，刑法的合宪性解释并不反对刑法对社会生活的积极回应，当社会生活产生新的需求之后，可以借助刑法理性应对。只要是刑法应当予以干涉的行为，刑法就应当果断出击，发挥其终极保障法的作用。另一方面，刑法的合宪性解释反对盲目、不当扩张犯罪的认定范畴，主张把刑法意义上的犯罪评价纳入宪法意义上的基本权利规范、明确性原则、比例原则等的限定之中。❷ 具体而言，在刑法干涉的方向上，应当坚守以基本权利为指引，刑法的发动应当服务于公民基本权利的保护，公民行使基本权利的行为不能被轻易认定为犯罪。这有利于刑法在社会转型中保持自身的理性，而不是被工具化地适用。在刑法介入的程度上，应当遵循比例原则。既要避免刑法干预过度，也要避免刑法保护的不足。当社会生活需要刑法参与治理时，刑法不能以谦抑性之名而拒不发动，这实际上是对刑法谦抑性的一种误读。但是，当民法、行政法等法律能够合理应对时，刑法也不能大包大揽，充当社会治理的急先锋。正如张明楷教授所指出的，刑法的处罚范围并非越窄越好，刑法应该由"限定的处罚"转向"妥当的处罚"。❸

合宪性解释可以为刑法介入社会生活提供一个界限标准，进

❶ 王良顺. 预防刑法的合理性及限度 [J]. 法商研究，2019，36（06）：52－63.
❷ 姜涛. 在契约与功能之间：刑法体系的合宪性控制 [J]. 比较法研究，2018（02）：156－172.
❸ 张明楷. 网络时代的刑法理念——以刑法的谦抑性为中心 [J]. 人民检察，2014（09）：6－12.

而实现刑法的妥当处罚。我们以刑法中实质预备犯的解释适用为例来具体阐释这一问题。我国《刑法》第 22 条规定了预备犯普遍处罚的制度。同时，为了实现对社会风险的早期管控，在分则中将恐怖主义等一些重大法益侵害犯罪的预备行为独立规定为犯罪。这样就形成了总则预备犯和分则预备犯并立的现象。在刑法理论中，一般将这种总则规定的预备犯称为形式预备犯，将分则规定的预备犯称为实质预备犯。那么，这就产生了一个问题。对于实质预备犯的预备行为，是否应当适用总则预备犯的规定？也就是说，对于"预备犯的预备行为"是否应当予以惩处？对于这个问题，理论上存在以下两种观点：①肯定说。该观点认为，《刑法》第 22 条中"为了犯罪"中的"犯罪"从文义解释角度包括所有的犯罪行为，并没有理由将实质预备犯的预备行为排除在外。❶ ②否定说。这种观点认为。刑法之所以处罚实质预备犯，是因其存在侵害法益的抽象危险性，这本身就属于法益保护的前置化。对于实质预备犯的预备行为，距离法益侵害则更加遥远，实际上已经不具备处罚的正当性。因此，实质预备犯的预备行为应当被排除在刑法范围之外。❷ 从合宪性解释视角来看，将实质预备犯排除在《刑法》第 22 条中"为了犯罪"的"犯罪"之外，是值得赞成的。通过刑法介入社会生活时，既要避免法益保护的不足，也要避免对个人权利自由过度限制。实质预备犯本身已经属于预防刑法的范畴，而"预防刑法对重大超个人法益提供的是补充性超前保护，且社会成本巨大。这决定了提前处罚的

---

❶ 陈兴良主编. 刑法总论精释 [M]. 北京：人民法院出版社，2011：439.

❷ 熊亚文. 比例原则的刑法意义与表达 [J]. 中国政法大学学报，2021（06）：246－259.

时点必须受到限制，即只能提前一个行为时段。"❶ 因此，实质预备犯的预备行为由于距离法益保护的时段太过遥远，不应该受到刑法的处罚。对上述例子的分析，充分展现了刑法参与社会风险治理时，合宪性解释所能发挥的调控作用。实际上，采取合宪性的刑法解释方法，有助于实现风险社会下刑法法益保护机能与人权保障机能的有机平衡。

---

❶ 王良顺.预防刑法的合理性及限度 [J].法商研究，2019，36（06）：52–63.

第二章

刑法合宪性解释的适用困境与成因

　　刑法的合宪性解释并非理论上的阳春白雪，而是一项具有高度实用性的刑法解释机制，我国在司法实践中应当如何适用刑法合宪性解释是一个重要的问题。结合我国刑事司法实践，对合宪性解释的适用现状进行具体考察是十分必要的。实际上，在我国司法实践中，刑法合宪性解释仍然存在适用困境，总结其适用困境的表现进而分析其成因，有助于实现对刑法合宪性解释问题的深入研究。

第一节　刑法合宪性解释的适用困境

一、司法机关的刑法合宪性解释尝试

　　尽管域外国家在刑法合宪性解释的适用方面是先行者，但是我国司法实践在刑法合宪性解释的应

用上也并非无所作为。实际上，司法机关已经在实践中展开对合宪性解释的初步适用。我国法院在对刑事案件进行裁判时不具备直接适用宪法的权力，这被司法解释一再重申。❶ 但是，这并没有完全阻断宪法在刑事案件中的适用可能性。具体而言，宪法虽然不能作为刑事裁判的直接依据，却可以通过参与刑法解释（作为刑事裁判文书的说理部分）来影响刑事案件的裁判。近年来，刑法合宪性解释方法越来越受到学界的重视。不少刑法学者意识到，应当将合宪性解释"作为一种独立的刑法解释方法"予以应用。❷

其实，刑法的合宪性解释并不是学界的一厢情愿。所谓"春江水暖鸭先知"，事实上，我国法院在刑事司法实践中早已创造性地将宪法应用到刑事案件裁判的说理部分，实际上起到了阐明刑法条文含义的作用，这体现了刑法合宪性解释的实践应用。笔者从"北大法宝"案例库中以"宪法"为关键词对刑事案件进行检索，从中挑选了以下代表性案例，见表2-1。❸

表2-1　刑法合宪性解释的典型应用案例

序号	刑事裁判文书与案号	认定的罪名	涉及宪法内容	刑事裁判文书中引用的《宪法》条款
1	李某昌故意杀人案刑事附带民事裁定书（2015）淄刑一	故意杀人罪	婚姻自由	本院认为："关于辩护人所提'被害人有过错'的辩护意见，经查，被害人王某甲要求与李某昌分手，虽然是

---

❶ 2016年《人民法院民事裁判文书制作规范》中有这样的表述："裁判文书不得引用宪法……但其体现的原则和精神可以在说理部分予以阐述。"

❷ 时延安. 刑法规范的合宪性解释 [J]. 国家检察官学院学报，2015，23（01）：70-77，174.

❸ 当然，这些案例是否真正属于"刑法合宪性解释"的应用，仍有待进一步的推敲。

续表

序号	刑事裁判文书与案号	认定的罪名	涉及宪法内容	刑事裁判文书中引用的《宪法》条款
1	终字第 107 号			案件的起因，但**婚姻自由是宪法赋予的公民权利**（《宪法》第四十九条），王某甲对婚姻感情的选择不能构成过错。"
2	王某某故意杀人案刑事判决书（2017）川 01 刑初 340 号	故意杀人罪	生命权	本院认为："……**生命权是受我国宪法保护的公民基本权利**（《宪法》第三十三条❶），即便被害人自己承诺放弃，任何人也无权剥夺，更不能因被害人承诺放弃，就对侵权行为人从轻处罚，此辩护意见明显违背社会伦理道德及法律规定，故本院不予采纳。"
3	王某刚等非法拘禁案刑事判决书（2017）晋 0105 刑初 652 号	非法拘禁罪	人身自由	本院认为："……非法拘禁罪保护的法益是他人的身体自由权，即在法律范围内按照自己意志决定自己身体行动的自由权利，《宪法》第三十七条亦有规定，'……**禁止非法拘禁和以其他方法非法剥夺或者限制公民的人身权利**'，故行为人的拘禁行为侵害本案保护的法益，即应当以非法拘禁罪论处。"

---

❶ 学界一般认为，《宪法》虽然没有直接规定"保护生命权"的内容，但是根据《宪法》第 33 条"国家尊重和保障人权"的规定可以推导出宪法保护公民生命权。

续表

序号	刑事裁判文书与案号	认定的罪名	涉及宪法内容	刑事裁判文书中引用的《宪法》条款
4	谭某非法侵入住宅案刑事判决书（2018）川 0802 刑初 248 号	非法侵入住宅案罪	住宅自由	本院认为："我国《宪法》第三十九条规定中华人民共和国公民的住宅不受侵犯。禁止非法侵入公民的住宅。住宅是公民居住、生活的处所。显然，被告人谭某这一行为必然会使被害人刘某1、刘某2、朱某、李某1的个人正常生活受到干扰。"
5	周某干、贠某强非法占用农用地案（2010）新刑一终字第 6 号	非法占用农用地罪	村委会	本院认为："……《宪法》第一百一十一条第一款规定，村委会是基层群众性自治组织。现有法律没有规定村委会可以作为单位犯罪的主体。"
6	张某寻衅滋事案刑事裁定书（2016）晋 01 刑终字第 180 号	寻衅滋事罪	权利行使的界限	本院认为："……公民的自身利益受到侵害时，应当通过正当渠道合法维权，宪法赋予公民申诉和控告的权利（《宪法》第四十一条），但是行使该权利不能以牺牲公共利益为代价，采取违法手段达到自己的目的。"
7	张某甲等贪污案刑事裁定书（2012）庆中刑再字第 8 号	贪污罪	法律面前人人平等原则	本院认为："原公诉机关认为本案不宜区分主从犯的意见，是基于对主犯未追究，仅选择性地对二被告人追究刑事责任，已经违背了法律面前人人平等的宪法原则（《宪法》第三十三条）和适用刑法人人平等的刑法原则。"

从上述案例来看，我国在刑法合宪性解释的应用上从初始阶段就采取了与前述域外国家不同的思路。我国是由司法机关（并非宪法审查机关）直接在刑事司法案件的处理过程中，将宪法规范应用到刑事案件裁判的说理部分（而非裁判依据部分），实际上起到了阐明刑法条文含义的作用。此种意义的合宪性解释与域外国家存在相似之处，也存在根本性不同。

所谓相似之处体现在以下两点：第一，我国的刑法合宪性解释和域外国家的刑法合宪性解释一样，都是解释主体利用宪法规范对刑法条文含义进行阐明，这一点至关重要。也就是说，从合宪性解释的应用来看，它并不是一种宪法解释，而是利用宪法对刑法条文进行的解释，使得原本不明晰的、存在歧义的刑法条文概念变得明晰，进而在案件裁判中作为法律涵摄的大前提加以应用。总之，以宪法规范为标准来阐明刑法条文的内涵，是一条不同于传统解释方法的新的思维路径。第二，通过刑法合宪性解释的适用，刑法与宪法这两个重要的法律产生了密切的联系。在传统的理论体系中，宪法作为根本大法对刑法产生影响或者制约作用往往是通过"立法"方式进行的，既包括立法机关在立法过程中对刑法草案的审议进行的合宪性审查，也包括宪法审查机关在刑法颁行生效以后进行的审查。我国的合宪性审查机制仍在逐步完善中，而刑法的合宪性解释恰恰采取了与"立法"不同的途径，它借由"解释"的方式通过宪法规范对刑法适用产生间接影响，实现了宪法对刑法的有效制约。这是一个显著的方式创新，对于在我国现实情况下实现刑法的合宪性具有重要的理论和实践意义。

所谓不同之处也是较为显著的。域外国家在进行刑法的合宪性解释时，往往是在宪法审查的过程中进行的，正如学者们所指出的，域外国家的所谓合宪性解释可以被理解为合宪性审查的变种。❶ 它更多是为了避免刑法规范的失效而进行的一种变通措施，也就是说，所谓的刑法合宪性解释是为了在合宪性视域下最大化地保持刑法规范的效力而采取的办法。尽管从客观上实现了宪法对刑法的一种制约，但是域外国家本身通过立法层面就可以较为有效地实现这种制约，因此，合宪性解释更多地起到对合宪性审查的补充作用。而在我国，司法机关则是主动、灵活地在刑事案件的处理中利用宪法规范对刑法相关条款进行解释，这种合宪性解释的应用无疑体现了司法工作者的智慧，它们对刑法合宪性解释的运行机制和适用技巧做出的探索是实践的创新，有待学界进一步总结和研究。

我国刑事司法实践初步展开的刑法合宪性解释，即由各级司法机关在适用刑事法律进行个案裁判时将宪法规范的要求贯彻其中，这是实现宪法制约刑法的一种合理有效的路径。我国目前进行的由司法机关在刑事案件裁判中开展的合宪性解释实践，准确来说更多的属于"遵循宪法进行判决说理"。特别是涉及对刑法条文的适用时，司法机关通过阐释与说理，对刑法条文的具体含义进行了限缩或扩张解释，从而实现了解释结果的合宪性。

二、刑法合宪性解释适用困境的表现

从前述司法实践来看，司法机关对刑法合宪性解释已经展

---

❶ ［德］斯特凡·科里奥特. 对法律的合宪性解释：正当的解释规则抑或对立法者的不当监护？［J］. 田伟译，华东政法大学学报，2016，19（03）：5 – 14.

开了初步的应用。但是，这种应用仍然处于一种非常初期的自发应用状态。上述刑事案件中对于合宪性解释的应用显然具有随机性。在侵害财产犯罪、人身犯罪、经济秩序犯罪、社会秩序犯罪等各种类型的刑事案件中，都能找到刑法合宪性解释的案例，但尚未形成统一的特征。在同类型的案件中，有的法官运用了合宪性解释的方法，有的法官却并未注意到宪法对刑法解释的限制要求。而且，法官对于合宪性解释的论证也存在片面之处。在裁判文书的说理部分，法官往往处于一种自由发挥的状态，根据自身的需要来引用宪法规定。实际上，上述刑法合宪性解释的应用案例在整个刑事案例库中数量不多。在更多的案件中，刑法的合宪性解释并未得到应有的重视，这导致刑法解释的结论并不完全合乎宪法规范的要求。

此外，最高人民法院和最高人民检察院制定的刑事司法解释，对于指导刑事案件裁判、统一司法尺度起到重要作用。但是，在司法机关制定的刑事司法解释中，也存在一些和宪法规范相违背的地方。司法解释对于我国司法机关进行案件裁判具有强制效力，司法工作人员据此进行法律适用，其裁判结论自然不可能完全合乎宪法规定。笔者以近年来发生的典型刑事案件、出台的典型刑事司法解释为范围进行梳理，发现不少案件的刑法解释观点和不少刑事司法解释规定与宪法规范存在一定的抵牾之处，导致刑法合宪性解释存在适用上的诸多困境，见表2-2。

表2-2 近年来典型刑事案件中的合宪性解释争议问题

序号	典型刑事案件	认定（或指控）的罪名	代表性解释观点	解释观点可能违反的宪法原则或规则
1	李某等贪污案❶	贪污罪	以弄虚作假方式套取课题经费属于贪污行为	科研自由
2	骁某等聚众淫乱案❷	聚众淫乱罪	非公众场所进行的聚众性行为属于聚众淫乱	性自由
3	杨某申非法制造爆炸物案❸	非法制造爆炸物罪	文化风俗活动中制造烟火构成爆炸物	文化遗产保护
4	赵某华非法持有枪支案❹	非法持有枪支罪	依照行政法规认定刑法中"枪支"概念	法律保留原则、比例原则
5	陆某销售假药案❺	销售假药罪	单纯违反行政法规对人体无害的药品也属于"假药"	法律保留原则、比例原则
6	王某军非法经营案❻	非法经营罪	单纯违反行政法规的农民无证收粮行为属于非法经营行为	比例原则

❶ 孙航. 中国工程院院士李宁等贪污案二审宣判 [N]. 人民法院报, 2020-12-09.
❷ 赵兴武, 杜慧, 秦研. 南京一副教授聚众淫乱获刑三年半 [N]. 人民法院报, 2010-05-21.
❸ 参见河北省石家庄市中级人民法院 (2017) 冀01刑终557号刑事裁定书。
❹ 参见天津市第一中级人民法院 (2017) 津01刑终41号刑事判决书。
❺ 参见湖南省沅江市人民检察院公刑不诉 (2015) 号不起诉决定书。
❻ 参见内蒙古自治区巴彦淖尔市中级人民法院 (2017) 内08刑再1号刑事判决书。

表 2-3 近年来典型刑事司法解释中的合宪性争议问题

序号	典型刑事司法解释	涉及罪名	司法解释观点	解释观点可能违反的宪法原则或规则
1	2000 年《最高人民法院关于审理交通肇事刑事案件具体应用法律若干问题的解释》	交通肇事罪	过失犯可以构成共同犯罪	法律保留原则
2			将"无能力赔偿"的数额作为定罪要件	平等原则
3	2000 年《最高人民法院关于审理破坏野生动物资源刑事案件具体应用法律若干问题的解释》	危害珍贵、濒危野生动物罪	将"野生动物"与"驯养繁殖的上述物种"同等对待	法律保留原则、比例原则
4	2005 年《最高人民法院关于审理抢劫、抢夺刑事案件适用法律若干问题的意见》	抢劫罪	将"户"界定为供他人"家庭"生活的场所	住宅不受侵犯
5	2013 年《最高人民法院 最高人民检察院关于办理利用信息网络实施诽谤等刑事案件适用法律若干问题的解释》	诽谤罪等	诽谤信息被点击、浏览 5000 次以上，转发次数达到 500 次以上，应认定为诽谤罪中的"情节严重"	言论自由、法律保留原则及比例原则

序号	典型刑事司法解释	涉及罪名	司法解释观点	解释观点可能违反的宪法原则或规则
6	2013 年《最高人民法院 最高人民检察院关于办理利用信息网络实施诽谤等刑事案件适用法律若干问题的解释》	寻衅滋事罪	将信息网络解释为"公共场所";将公共秩序解释为"公共场所秩序"	法律保留原则
7	2016 年最高检《关于充分发挥检察职能依法保障和促进科技创新的意见》	涉及科研人员或科研设备的犯罪	对于涉案科研人员,尽量不用拘留、逮捕等强制措施。对于涉及科研的设备、资金,一般不予查封、扣押、冻结	平等原则

通过对上述典型刑事案件和司法解释的梳理,可以看出我国刑法合宪性解释在以下几个方面还存在合宪性解释不足的问题。

(一) 刑法保护方向未能完全符合宪法要求

第一,刑法以保护法益为基本方向,而宪法对法益具有重要的形塑作用。德国刑法学者罗克辛教授指出:"毫无疑问,对立法者产生约束性限制作用的,不可能是教授们的观点,而只能是宪法"。❶ 宪法规范(特别是其中的基本权利内容)具有强大的

---

❶ [德] 克劳斯·罗克辛. 对批判立法之法益概念的检视 [J]. 陈璇译,法学评论,2015,33(01): 53 – 67.

辐射力，其可以经由法益概念，进而影响刑法条文的解释。但是，在司法实践中，一些案件的处理可能缺乏从宪法视角对个罪法益的理解，导致刑法保护方向出现合宪性的偏差。例如，在"陆某销售假药案"中，陆某代购的所谓"假药"事实上对疾病是具有疗效的，只是被拟制为"假药"。行为人仅侵犯了相关药品的行政管理秩序，并没有损害人的生命权、健康权等权利。刑法之所以规定生产、销售假药罪，并不只是因为生产、销售假药的行为破坏了国家药品管理的秩序，更是由于药品安全与人的生命权、健康权息息相关。如果将行为人销售此种"假"的真药的行为解释为销售假药罪，实际上有违宪法对公民基本权利的保护。又如，在前述交通肇事罪的司法解释中，将"无能力赔偿"的数额作为定罪要件。但是，根据宪法平等权的要求，无论一个人的财富、地位如何，在刑法面前都应当被平等对待，这就要求在定罪量刑时应当采用统一的标准。如果将"无能力赔偿"的数额作为犯罪结果要件，就相当于直接将犯罪认定与被告人的财富状况挂钩。换言之，一个富人可以通过积极赔偿而出罪，而一个穷人却可能因为无力赔偿而入罪。这显然不符合宪法平等权的基本要求。此外，公民基本权利是由宪法直接赋予的，在刑法适用中，不能不当限制公民基本权利的行使，特别是不能轻易将公民行使基本权利的行为认定为犯罪。例如，刑法不能轻易将劳动者维护自身权益的集体行动认定为妨害社会秩序的犯罪，也不能轻易把公民言论自由的表达行为视为诽谤罪或寻衅滋事罪。

第二，刑罚以剥夺权利的方式来实现对法益的保护，进行刑罚裁量时也应当注意宪法的规定。刑罚的本质是对犯罪人基本权利的剥夺。根据犯罪人被剥夺的基本权利的种类，可以将刑罚分为生命刑（死刑）、自由刑、财产刑和资格刑等。由于宪法规定了公民的基本权利。那么，在刑罚内容的形成上当然应当受到合宪性的限制。司法机关在适用资格刑中的剥夺政治权利时，通常会剥夺犯罪人言论、出版、集会、结社、游行、示威的全部自由。但是，这些能否全部成为剥夺政治权利的内容，存在一定的合宪性解释疑问。例如，发表言论的行为并非一定具有政治性，而出版也并非一定与政治相关。犯罪人将自身的科研成果、工作经验和反思写成文章进行发表，实际上会对社会发展起到促进作用。再如，宪法明文规定保护公民的私有财产。在适用刑罚时，也应当注意不能侵犯公民的私有财产权。但是，司法机关在解释适用没收财产刑时，经常会出现违背宪法规定的情况。虽然刑法规定不能没收"属于犯罪分子家属所有或者应有的财产"，但是由于犯罪人财产和家属财产在具体分割时存在一定的困难。在没收财产刑的执行中，司法工作人员可能会出于对执行方便的考量，未严格对犯罪人财产和家属财产进行分割，导致家属的合法财产被不当没收，这实际上损害了宪法对私有财产权的保护。

（二）刑法干涉的限度超出宪法边界

第一，刑法作为一门处罚后果严厉的法律，其干涉范围不是随意划定的，需符合宪法的要求。依据宪法中的法律保留原则，部门规章、地方性法规乃至某些内部规定不属于国家规定的范畴。在司法实践中，扩大国家规定范围的情况屡见不鲜，这种做法实际上不合乎宪法的规定。例如，在"赵某华非法持有枪支案"中。赵某华因摆设气枪射击摊位进行营利活动，被公诉机关以非法持有枪支罪提起公诉。那么，应当如何理解与认定非法持有枪支罪中的"枪支"呢？我国《刑法》第 128 条规定，非法持有枪支罪应当"违反枪支管理规定"。公安部门对于"枪支"的认定标准作出了具体规定。❶ 问题在于，公安机关作为行政部门，其制定的内部规定仅在其内部具有效力，并不能直接对司法机关产生强制约束力。法院在审理涉枪案件时，应当独立地对涉案枪支进行判断，而不能直接简单地依据公安部门的内部规定对"枪支"进行认定。特别是在本案中，赵某华摆摊开展的是射击类游戏，本案中的气枪与通常意义上人们所认知的"枪支"实际上存在较大差别。在这种情况下，司法机关就更不能简单地依照公安部门出于行政管理需要对枪支的认定标准作出司法裁判。再如，在涉及破坏野生动物资源的案件中，司法机关将"野生动物"扩大到"驯养繁殖的上述物种"，这实际上违反了法律保留原则的基本规定。通过司法解释过度扩大刑法干涉的范围，有悖于宪法的要求。

　　第二，在刑法适用的过程中，刑法干涉的强度与犯罪人的人权保障之间存在一定的紧张关系。宪法要求在适用刑法时应当追求"妥当"处罚的标准，既要避免"禁止过度"，也要避免"保护不足"。但是，在刑法的解释适用中，不少案件和司法解释脱离宪法比例原则的限制，这可能造成刑罚裁量的肆意性。例如，刑法对于因重大贪污受贿犯罪而被判处死缓的犯罪分子

---

❶ 2010 年《公安机关涉案枪支弹药性能鉴定工作规定》规定："对不能发射制式弹药的非制式枪支，按照《枪支致伤力的法庭科学鉴定判据》（GA/T 718—2007）的规定，当所发射弹丸的枪口比动能大于等于 1.8 焦耳/平方厘米时，一律认定为枪支。"

设置了终身监禁刑。但是，根据我国公务员法的相关规定，贪污受贿的犯罪分子即使在出狱以后也不具备担任公务人员的资格，那么其也就没有重新实施贪污受贿犯罪的可能性。在这种情况下，对此类犯罪分子实施终身监禁实际上缺乏预防的必要性。[1] 因此，可以通过刑法的合宪性解释对此类犯罪畅通减刑的途径。但是，从我国刑事司法实践来看，对终身监禁的犯罪分子实际上排除了减刑的可能，这与宪法中的比例原则存在一定的紧张关系。

通过上述分析可以看出，为数不少的刑事案件裁判和司法解释规定与宪法规范存在一定的抵牾之处，刑法的合宪性解释在我国刑事司法实践中存在适用上的不足和缺位。

第二节　刑法合宪性解释的适用困境成因

在我国刑事司法实践中，合宪性解释出现前述困境，有着方方面面的原因。其中既有理论上的认知不足，也有实践方法的缺失。本书将其归纳为以下几个方面的成因。

一、体系定位不准确

刑法合宪性解释的体系定位不准确是导致前述适用困境的主要原因之一。应当说，我国刑法解释学经过近几年的发展，已经

---

[1] 车浩. 刑事立法的法教义学反思——基于《刑法修正案（九）》的分析 [J]. 法学，2015（10）：3-16.

取得了长足的进步。但是，主流观点中对于刑法解释方法的思考仍然囿于刑法学内部范畴，缺乏来自上位法宪法的视角观察。虽然合宪性解释近年来逐渐受到理论界和实务界的重视，但是对于合宪性解释的体系定位仍然存在诸多争议。例如，有观点认为合宪性解释是一种宪法解释方法。❶ 如果此种定性成立，刑法作为部门法，肯定不能采用宪法解释方法来解释刑法条文。当然，也有观点主张将合宪性解释作为刑法目的解释或者体系解释的一种。❷ 这样，合宪性解释就具备了刑法解释方法的属性。尤其值得注意的是，近年来学界也有一种呼声，就是将合宪性解释作为一种独立的刑法解释方法。❸ 传统刑法解释方法一般包括文义解释、历史解释、体系解释和目的解释四种。这些解释方法都为刑法条文含义的阐明提供了不同角度的论辩理由。如文义解释是从刑法用语角度来确定刑法条文含义。体系解释是根据刑法条文在整个刑法乃至相关法律中的地位，结合相关法条的含义，阐明其规范意旨。历史解释是根据制定刑法时的历史背景以及刑法发展的源流，阐明刑法条文的含义。目的解释是指根据刑法规范的目的，阐明刑法条文的含义。但是，这些角度都是站在刑法视角对刑法条文含义进行的阐明。所谓"不识庐山真面目，只缘身在此山中"，仅从刑法内部来阐释法条内容，是否能够完全地、自足地阐明其含义，这是值得进一步思考的。考虑到法秩序本身具有

❶　［德］卡尔·施米特. 宪法的守护者［M］. 李君韬, 苏慧婕译, 北京: 商务印书馆, 2008: 46.

❷　［韩］金日秀, 徐辅鹤. 韩国刑法总论［M］. 郑军男译, 武汉: 武汉大学出版社, 2008: 34.

❸　张明楷. 刑法学（上）［M］. 北京: 法律出版社, 2021: 46－47.

融贯性，而刑法又是宪法统领的法秩序的一部分，从宪法角度来阐明刑法条文含义就有其必要性。但是，上述观点还处于激烈争议中，并未在理论上达成共识。

刑法合宪性解释体系定位的纷争会对合宪性解释的具体适用产生直接影响。在较长的时间内，刑法学界都未能对刑法合宪性解释进行准确定位。法官适用刑法对案件进行裁判时离不开刑法解释方法。因为刑法理论对合宪性解释的体系定位不准确，导致合宪性解释长期被法官忽视。法官既然不清楚合宪性解释是否属于刑法解释方法，自然也不会在案件裁判中使用这种方法，进而导致前述不少司法案件的结果出现了未能符合宪法的情况。众所周知，我国刑法学界公认宪法是刑法的制定依据，对于刑法具有重要制约作用，但是这种制约作用如何发挥，刑法学界的研究并不多。在传统刑法理论中，较为重视宪法对刑事立法的制约，宪法对刑法解释的制约问题却长期被忽视。这就导致司法适用者对于什么是合宪性解释，何种情况下应当适用合宪性解释产生认知上的困惑。传统刑法解释方法在刑法理论上已经基本达成共识，对于司法实践也发挥了重要的指导作用。在 2021 年最高人民法院发布的《关于深入推进社会主义核心价值观融入裁判文书释法说理的指导意见》中，第 9 条明文规定应当在裁判文书释法说理时运用文义解释、体系解释、目的解释和历史解释的方法，但是此意见未将合宪性解释作为解释方法进行阐释和要求。❶ 既然刑法理论和相关指导文件都未将合宪性解释明确为解释方法，司法

---

❶ 周光权. 刑事司法领域的宪法判断与刑法制度文明 [J]. 中国社会科学，2022 (08)：4 - 23，204.

适用者在司法实践中难免对合宪性解释的适用感到无所适从。即使有法官主动使用合宪性解释，也多是出于一种自发状态，而并非一种自觉适用。这正是合宪性解释的体系地位不够准确所导致的。

二、合宪标准不适当

刑法合宪性解释的合宪标准不适当也是导致前述适用困境的原因之一。刑法合宪性解释是指在处理刑事司法案件时，依照宪法规范（包括宪法规则和原则）对刑法条文的含义进行阐明，具体而言就是当刑法条文存在多种解释可能时，选取其中符合宪法的解释可能、排除其中不合宪法的解释可能作为解释结论。此时，确定何种标准来对刑法解释的诸多解释可能进行合宪判断就具有重要意义。所谓标准，就是用来衡量一个事物是否属于另一事物的界限。易言之，符合合宪标准的就是合宪的解释，违反合宪标准的属于不合宪的解释。

合宪标准是刑法合宪性解释的"指南针"。周光权教授指出，建构起刑事合宪性解释是否妥当的判断标准，事关刑法领域宪法判断的未来走向，[1] 这是开展合宪性解释研究下一步需要解决的任务。试想，如果合宪标准本身不够适当，那据之进行的合宪性解释自然也不可能得出正确的结论。从理论上说，刑法合宪性解释的合宪标准是较为清晰的，就是依据"宪法"本身对刑

---

❶ 周光权. 刑事司法领域的宪法判断与刑法制度文明 [J]. 中国社会科学, 2022 (08)：4-23.

法解释的诸多方案是否合宪进行评判。不过，是否所有的宪法规范都能够对刑法解释起到指导作用，目前尚缺乏定论。宪法规范按照内容的不同，可以分为国家目标规范、基本权利规范和组织性规范等类别。其中，组织性规范主要规定国家机构的构成和职权，这对于进行刑法解释很难发挥具体影响。对于国家目标规范能否对刑法解释发挥限制作用，存在一定的争议。宪法对国家目标的规定往往是非常宏观和宽泛的。例如，我国《宪法》第26条第2款规定，国家组织和鼓励植树造林，保护林木。这显然很难对刑法的解释产生具体影响，因为国家并不可能采用刑事手段实现此目标。因此，看上去明确的合宪标准，其实缺乏具体的范围限定。此外，从操作性来讲，宪法规范本身就具有很高的抽象性，即使宪法专家也很难对之进行全面的掌握。要求我国刑事司法工作人员从纷繁的宪法规范中准确识别出具体案件所对应的宪法规范，然后再对刑法条文的解释进行合理的限定，这无疑是过于繁重的要求，在可操作性上存在一定的困难。因此，正是合宪标准本身不够适当，导致我国司法机关工作人员在进行合宪性解释时具有一定的随意性。司法适用者只能凭借本人对宪法的理解以及对刑法解释是否合宪进行评判，但是通过这种方式进行的合宪性解释显然缺乏统一的标准。

此外，合宪性解释的合宪标准是否仅限于宪法明文规定的内容，是另一个有待解决的问题。例如，比例原则并非我国宪法明文规定的内容，是否将其作为合宪性解释的标准，存在一定的争议。我国有刑法学者认为，比例原则的主要内容已经被刑法理论吸收，其对于刑法适用没有太多的指导价值。❶ 如果按照这种说法，那么前述案件中对于合宪性解释的适用缺位就不难理解了。如果说比例原则不是刑法合宪性解释的合宪标准，那么在刑法解释时依靠刑法内部解释方法即可，也就不需要运用比例原则作为标准来指导合宪性解释的适用。在前述"赵某华非法持有枪支案""陆某销售假药案"等案件中，正是缺乏比例原则视角的考量，导致一些解释结论与宪法产生了抵牾。实际上，比例原则对于把握刑法解释的限度具有重要的指导意义。如果将比例原则排除在合宪性解释的合宪标准之外，会严重影响合宪性解释结果的妥当性。因此，缺乏适当的合宪标准，就无法为进行刑法合宪性解释提供准确的依据，进而导致刑法合宪性解释出现前述适用困境。

三、具体运用不合理

刑法合宪性解释的不合理运用，是导致前述适用困境的关键。要想实现刑法解释的合宪性，就必须合理运用合宪性解释方法，依据合宪标准对刑法条文的多种解释方案进行选择或排除，进而得出合宪性的解释结论。如果对合宪性解释运用不够合理，自然无法得到合宪性的解释结果。

一方面，如何依据宪法指引刑法解释的基本方向，这是合宪性解释运用中的关键问题。如果不能合理运用合宪性解释对刑法解释方向进行限定，就会导致解释结论偏离宪法要求。应当说，

❶ 田宏杰. 比例原则在刑法中的功能、定位与适用范围 [J]. 中国人民大学学报，2019, 33 (04)：55-67.

对刑法解释方向发挥合宪性指引功能的主要是宪法基本权利规范。例如，在对"入户抢劫"的认定中，司法解释将"户"界定为供他人家庭生活的场所。从表面来看，这似乎并不违反我国宪法的规定。只有在对宪法有关规范仔细分析以后，才能发现此种解释方案实际上偏离了宪法的保护方向。在我国宪法中，住宅和家庭都是受保护的，但这两者之间并不具有必然的联系。一方面，我国《宪法》第 39 条规定，"中华人民共和国公民的住宅不受侵犯……"由此来看，住宅自由作为一种基本权利，其主体是公民而非家庭；另一方面，我国《宪法》第 49 条规定，"家庭……受国家的保护"，实际上是对该共同体内成员之间权利义务关系的保护。❶ 并非对住宅自由的保护。申言之，住宅自由保护的是个人生活的安宁，而家庭保护的是亲属共同体的关系。虽然按照中国社会传统习惯，住宅里一般居住的是家庭共同成员，但是，非家庭共同成员的住宅安宁也同样应该得到同等保护。在前述司法解释中，将单人居住或多人合租的房屋排除在"户"的范畴之外，就不当缩小了"户"的范围，使得刑法保护宪法基本权利的目的落空。又如，平等权是公民的基本权利。在宪法理论中，一般从形式平等和实质平等两个层面展开对平等权的探讨。所谓形式平等，要求无论在身份、地位上有何区别，每个人都应当受到法律的同等对待；而所谓实质平等，则要求根据不同主体具体情况的不同，进行"合理的区别对待"，从而获得实质结果上的平等。需要说明的是，刑法对某些人员实行区别对待应

---

❶ 姚国建. 宪法是如何介入家庭的？——判例法视角下的美国宪法对家庭法的影响及其争拗 [J]. 比较法研究，2011（06）：1 – 14.

当与其"差别"之处具有实质的关联性。例如，如果盲人因为视力缺陷导致犯罪，可以相应地从轻、减轻处罚。而如果盲人实施的犯罪行为与其视力缺陷完全无关，就不具备接受"合理差别对待"的条件。缺乏对平等权的这种理解，就会影响刑法解释结论的合宪性。例如，前文提到的 2016 年最高人民检察院发布的《关于充分发挥检察职能依法保障和促进科技创新的意见》，提出对于重点科研单位、重大科研项目关键岗位的涉案科研人员，尽量不使用拘留、逮捕等强制措施。科研人员从事科研工作，对于提高国家综合国力和竞争力具有重要的作用。他们在工资收入、生活待遇等方面当然可以享受优待。但是，当他们违反刑法时，并不具备特殊地位，理应受到同样的处罚。这是宪法平等权对刑法适用的基本要求。

另一方面，解释方向的合宪性并不能必然证成刑法解释结论的合宪性，还必须找寻合适的宪法标准来对刑法解释的范围进一步限定，否则也会影响解释结论的合宪性。此目标的实现主要依靠法律保留原则、比例原则等宪法规范。例如，作为宪法原则的比例原则包括适当性、必要性和均衡性三项要求。但这只是在一般意义上对公权力行使的限定要求，在进行刑法解释适用时，应当建构起针对刑法的适用规则。在刑法意义上，适当性要求刑事处罚应当有助于法益保护目的实现；必要性要求刑事处罚应当具有不可替代性，只有在民事、行政等手段穷尽时，才能发动刑事手段进行干预；均衡性要求刑事处罚造成的损害应当与法益保护之间相均衡。缺乏对上述具体规则的运用，就会影响刑法解释结论的合宪性。例如，在"王某军非法经营案"中，王某军的行为并没有损害粮户的合法权益，也没有危害国家粮食安全和流通秩序。将其行为认定为非法经营罪的"其他非法经营行为"，就不符合非法经营罪保护市场秩序的目的，违背了比例原则的适当性要求。❶ 从必要性和均衡性原则来看，其行为也显然没有达到需要发动刑罚进行处罚的程度，而且动用刑罚对这种行为进行干涉所实现的目的也无法与其造成的损害达成均衡。

由此可见，如果不能合理运用刑法合宪性解释方法，对刑法解释的方向和范围进行适当的合宪性限定，必然会影响刑法解释结论的合宪性，进而导致前述适用困境的出现。

❶ 于改之，吕小红．比例原则的刑法适用及其展开［J］．现代法学，2018，40（04）：136 – 149.

第三章

刑法合宪性解释的体系定位

刑法合宪性解释的体系定位是刑法合宪性解释的核心问题之一，学界对此问题存在较大的争议。宪法解释说、解释原则说、目的解释说、体系解释说和独立解释方法说等理论众说纷纭。本章的基本观点是，应当将合宪性解释作为一种独立的解释方法在刑法领域加以应用。

第一节　刑法合宪性解释的体系定位争议

学界对于刑法合宪性解释的体系定位存在很大的争议。经笔者梳理，可以将其分为非独立刑法解释方法说和独立刑法解释方法说两大类。

一、非独立刑法解释方法说

（一）宪法解释说

宪法解释说认为合宪性解释具有宪法解释的性质。由于宪法本身具有高度的概括性，在进行合宪性解释时，应当首先明确宪法规范的含义，然后根据宪法规范的含义对刑法解释的结果是否符合宪法进行判断。既然合宪性解释是对解释结果是否符合宪法进行考量，而且明确宪法含义是合宪性解释的必经环节，合宪性解释当然属于宪法解释。例如，德国学者卡尔·施米特提出，合宪性解释的重要使命是解决宪法以及法律规范中不明确的部分。❶ 有的教材中以宪法的解释目的为标准将宪法解释分为"合宪解释、违宪解释和补充解释"，而"合宪解释是指合宪性审查机关在审查法律等规范性文件，既可以作出合宪也可以作出违宪的解释时，作出其符合宪法的解释"。❷ 换言之，解释的结果符合宪法的就是合宪解释，而解释的结果不符合宪法的则是违宪解释。

上述观点认为合宪性解释分为两步。第一步是将具有高度抽象性的宪法规范进一步明确化和清晰化；第二步则是依据被清晰化的宪法对刑法等法律规范的解释结果是否符合宪法进行判断。在这两个环节中，对宪法的理解都发挥着至关重要的作用。至于最后的结果判断，可能产生合宪和违宪两种可能。其中符合宪法

❶ ［德］卡尔·施米特. 宪法的守护者［M］. 李君韬，苏慧婕译，北京：商务印书馆，2008：46.
❷ 林来梵. 宪法学讲义［M］. 北京：清华大学出版社，2018：143.

的解释就是合宪性解释。因此，该种观点认为应当将合宪性解释理解为宪法解释的一种类型。

（二）刑法解释原则或限度说

刑法解释原则或限度说认为，合宪性解释贯穿刑法解释的全过程。因此，不能仅从解释方法角度来看待合宪性解释，而应该站在更高层面去理解它的性质。对于合宪性解释具体性质的理解，不同学者在观点上也存在分歧，主要包括解释原则、解释限度等观点。例如，李希慧教授认为，刑法的解释必须遵循合法性原则，具体是指符合宪法和法律的要求。❶ 这实际上是将合宪性作为刑法解释的一种原则来看待。刘艳红教授也持类似的观点，她认为刑法解释应该遵循合法性、合理性与技术导向性三个原则。其中合法性原则就包含了合宪性要求，❷ 这里显然也是把合宪性解释看作一种解释原则。而苏永生教授则认为，合宪性解释不是解释方法而是一种解释限度，其主张合宪性解释与具体的刑法解释方法之间实际上是"体"与"用"的关系。刑法合宪性解释的具体实现要通过文义解释、体系解释、历史解释、目的解释等解释方法有效展开。❸

无论是将合宪性解释理解为解释原则还是解释限度，实际上都否定了其作为解释方法的属性。换言之，前述学者都认为，宪法对于刑法解释发挥的是宏观指导作用，其在刑法解释中应当占

---

❶ 李希慧. 刑法解释论 [M]. 北京：中国人民公安大学出版社，1995：82.

❶ 李希慧. 刑法解释论 [M]. 北京：中国人民公安大学出版社，1995：82.
❷ 刘艳红. 刑法解释原则的确立、展开与适用 [J]. 国家检察官学院学报，2015，23（03）：95–104.
❸ 苏永生. 刑法合宪性解释的意义重构与关系重建——一个罪刑法定主义的理论逻辑 [J]. 现代法学，2015，37（03）：137–150.

据更高层面的位置。无论对刑法做出怎样的解释，符合宪法规范都是必须具备的要件。因此，应当将合宪性解释作为刑法的解释原则或者限度。

（三）体系解释或目的解释说

与前述观点不同，体系解释或目的解释说认为应当从解释方法的角度来把握刑法合宪性解释的定位，合宪性解释对于刑法含义的阐明能够发挥具体的作用。至于合宪性解释在解释方法中具有何种属性，亦存在体系解释说与目的解释说的争议。

有学者主张，合宪性解释具有体系解释的属性。例如，德国学者魏德士认为，合宪性解释实际上是体系解释的一种特殊情形。他的主要理论依据就是法秩序的一致性和法律的层级结构要求。申言之，各种法律渊源之间存在着等级顺序的区分。如果一条规定根据文义、历史解释等会产生多种含义，此时合宪性解释就有了用武之地。这时人们倾向于选择最符合宪法价值标准的解释。❶ 韩国学者金日秀、徐辅鹤也认为，合宪（性）解释是体系解释的一种。❷ 我国学者程红教授认为，我国刑法理论有必要研究合宪性解释方法，不过可以将其作为体系解释的一种特别情形加以研究。❸ 亦有学者主张，合宪性解释实际上具有目的解释的属性。如德国学者耶赛克教授就主张将刑法的合宪性解释作为目的解释来进行理解。其提出，在根据法律目的进行解释时，法官

---

❶ ［德］伯恩·魏德士. 法理学［M］. 丁小春、吴越译，北京：法律出版社，2003：335.
❷ ［韩］金日秀，徐辅鹤. 韩国刑法总论［M］. 郑军男译，武汉：武汉大学出版社，2008：34.
❸ 程红. 论刑法解释方法的位阶［J］. 法学，2011（01）：40-49.

总是将宪法的价值判断放在首位（符合宪法的解释），虽然（他
们）不得任意改变刑法规定的意思，但法官必须尝试，在法律规
定的范围内与宪法规范保持一致。❶

上述观点的独特之处在于，将合宪性解释直接看作刑法的具
体解释方法。换言之，合宪性解释能够直接参与刑法条文含义的
阐明活动，对于解释结论发挥着更加具体和直接的影响。从解释
方法的角度来理解合宪性解释，这在理论上具有独特的创新之
处。合宪性解释作为公法学的后起之秀，其解释方法的特性在很
长时间内不为人们所重视，传统解释方法研究一般也不讨论合宪
性解释。近年来，才逐渐有学者从解释方法角度来探讨此问题。
但遗憾的是，上述观点仍旧没有脱离传统刑法解释方法视角的束
缚，而是试图将合宪性解释纳入传统的刑法解释方法体系中。无
论是体系解释说还是目的解释说，实际上都具有类似的思考模
式，只不过在合宪性解释的具体定位上存在认识上的差异。

二、独立刑法解释方法说

独立刑法解释方法说主张，应当将合宪性解释视为一种独立
的刑法解释方法。也就是说，将合宪性解释和文义解释、体系解
释、历史解释和目的解释等同等看待，如此就赋予了合宪性解释
更加独立的地位。

例如，张明楷教授在其著作《刑法学》（第六版）中，将合
宪性解释作为一种独立的解释方法列入刑法的解释方法之中。❷

---

❶ ［德］汉斯·海因里希·耶赛克，托马斯·魏特根.德国刑法教科书［M］.徐久
生译，北京：中国法制出版社，2001：216.
❷ 张明楷.刑法学（上）［M］.北京：法律出版社，2021：46－47.

时延安教授认为，合宪性解释在刑法解释活动中能够发挥独特的限制作用。宪法规范可以有效地限制刑罚权的发动，这可以防止刑法解释的不当扩张，从而实现对公民合法权利的保障。同时，作为独立的解释方法，合宪性解释应当被置于刑法解释的最后一环，充分发挥其检验解释结论的作用。❶ 黄晓亮教授认为，刑法合宪性解释既不同于违宪审查，也不属于体系解释和目的解释，而是依据宪法规范来解释刑法条文，是一种独立的解释方法。❷ 林钰雄教授也将合宪性解释方法作为一种独立的解释方法，将之与传统的文理解释、体系解释、历史解释和目的解释等解释方法并列阐述。❸

在刑法传统解释方法的研究中，均未从独立解释方法角度来看待合宪性解释。要么是将之作为宏观的解释原则或限度，要么是将之归入既有的刑法解释方法之中。这些观点都没有赋予刑法合宪性解释以独立地位。而该种观点则突破了前述各种学说的体系束缚，将刑法合宪性解释与文义解释、历史解释、体系解释、目的解释方法并列，赋予合宪性解释以全新的体系定位。此外，持独立解释方法说的学者大多认为，合宪性解释不仅是一种独立的解释方法，而且处于刑法解释方法的最后位阶，能够对其他解释方法发挥限制作用。

---

❶ 时延安．刑法规范的合宪性解释［J］．国家检察官学院学报，2015，23（01）：70 – 77.

❷ 黄晓亮．刑法合宪性解释界定的另条路径［J］．国家检察官学院学报，2015，23（05）：21 – 33.

❸ 林钰雄．新刑法总则［M］．北京：中国人民大学出版社，2009：38.

第二节　非独立刑法解释方法说的批驳

一、宪法解释说之反思

将刑法合宪性解释视为宪法解释，实际上存在定位上的偏差。应当说，这个问题在德国、日本学者的讨论中并不存在很大的争议。德国、日本等国家都设有宪法审查制度。对法律进行合宪性审查，首先要进行宪法解释。因此，他们在宪法解释的理论和实践上都有了相当程度的积累，宪法解释已经形成了较为独立的理论体系。在此基础上发展出来的合宪性解释，与宪法解释属于不同的范畴，也就不容易同宪法解释产生混淆。而我国的宪法审查机制还在进一步地完善之中，宪法解释相对缺乏实践积累，也就产生了上述理论争议。实际上，合宪性解释与宪法解释是一对既有联系又有本质区别的概念。

刑法合宪性解释与宪法解释存在一定的联系，即刑法合宪性解释需要以统一的宪法解释结论作为判断基准。刑法合宪性解释的对象是刑法条文，当对刑法条文的含义产生争议时，宪法规定发挥的是评判基准的作用。但是，宪法具有高度的抽象性和概括性，因此，要真正发挥其判断基准的作用，首先要对其内涵进行解读和澄清。正如德国学者黑塞所指出的："合宪性解释不仅对需要审查的法律内容提出了问题，而且对审查法律的宪法内容也提出了问题。"❶ 对于刑法解释者而言，在对宪法规定的内涵进行解读和澄清时，可以借助已有的宪法研究成果作为对刑法条文进行合宪性解释的依据。这里容易引发质疑的是，根据我国《宪法》第 67 条第 1 项明文规定，只有全国人大常委会有权"解释宪法"。对此问题，宪法学界存在一定的争论。❷ 在本书看来，可以从以下角度理解宪法此项规定：全国人大常委会所拥有的宪法"专属解释权"，是指在制定规范性解释文件时的权力，主要是对宪法类型化问题进行的解释。但是，宪法作为国家根本大法，要求全国各族人民、一切国家机关和武装力量、各政党和各社会团体、各企业事业组织，都必须以其作为根本的活动准则。在这种情况下，无论是普通公民还是其他主体，自身可以对宪法作出自己的理解或解释。否则，其他主体在履行遵守宪法的义务时，不存在自身对宪法条文的理解或认识，只能等待全国人大常委会对之作出具体解释，这显然是不现实的。与此类似的是，法官在作出司法裁判时，也具有遵守宪法的义务。在这种情况下，司法工作人员在进行合宪性解释时，当然可以主动探寻宪法规范的内涵，进而指导个案的处理。这实际上和前述《宪法》第 67 条第 1 项的规定并不矛盾。

但我们也必须认识到，刑法合宪性解释与宪法解释之间存在本质上的区别。所谓宪法解释，实际上是"对宪法规范的含义所作的阐释与说明"。❸ 无论是有权解释还是无权解释，抑或扩大

---

❶ [德] 康拉德·黑塞. 联邦德国宪法纲要 [M]. 李辉译，北京：商务印书馆，2007：56.

❷ 王书成. 论合宪性解释方法 [J]. 法学研究，2012，34 (05)：50–68.

❸ 韩大元主编. 比较宪法学 [M]. 北京：高等教育出版社，2003：117.

解释还是缩小解释，宪法解释都是对宪法规范本身进行的解释。而刑法合宪性解释则是在刑法产生多种解释可能时，以宪法作为依据或标准，选取其中符合宪法的解释可能，这显然是对刑法进行的解释。例如，当对刑法中"户"的概念产生多种解释可能时，可以结合宪法中"住宅"的概念对这些解释方案进行评判。再如，当对刑法中"财物"的概念产生解释争议时，可以依据宪法中财产权的规定来具体确定其内涵。又如，当对刑法中"村委会"的概念缺乏统一结论时，宪法中村民自治组织的相关规定也有助于明确其含义。总之，在合宪性解释过程中，宪法发挥的是判断依据或标准的作用，而并非作为解释的对象。德国学者魏德士指出："法律文本不是为自己而存在的，在任何时候都为一切法律使用者传达相同命令的客体"，[1] 在此意义上，刑法合宪性解释中的"客体"是刑法，而宪法解释的"客体"是宪法，这就是两者的本质区别。既然刑法合宪性解释只是对刑法的解释，因此，也就不具有宪法解释的属性。

二、刑法解释原则或限度说之反驳

所谓刑法解释的原则，就是从事所有刑法解释活动都应当遵循的基本准则。而刑法解释限度是指刑法解释应当被限定在一定的范围内，不能超出某个边界。我国学者对刑法解释原则进行了一定的研究。例如，李希慧教授认为，刑法解释的原则应当包括合法性原则、以政策为指导原则、合理性原则、整体性原则、明

---

[1]　[德] 伯恩·魏德士. 法理学 [M]. 丁小春、吴越译，北京：法律出版社，2003：76.

确具体原则。❶ 刘艳红教授认为，刑法解释应该遵循合法性、合理性与技术导向性三个原则。❷ 在上述学者的研究中，考虑到宪法属于法律体系的重要组成部分，因此，合法性原则自然包含了合宪性要求。而苏永生教授则认为，合宪性解释不是一种具体的刑法解释方法，而是一种解释限度。❸ 本书并不否认上述论者提出的"刑法解释应当具有合宪性"的论断，但本书认为，把合宪性作为宏观的解释原则或限度而非具体解释方法存在理论上的诸多漏洞。

第一，将刑法合宪性解释作为解释原则或限度，要求只能通过其他的具体解释方法来实现刑法解释的合宪性，这会破坏其他具体解释方法的独立性。按照前述论者的观点，刑法合宪性解释与具体的刑法解释方法之间表现为"体"与"用"的关系，合宪性解释的实现要依赖其他的解释方法。但是，无论文义解释、体系解释、历史解释还是目的解释，这些解释方法都有自身的考量要求。要求运用这些解释方法时必须贯彻合宪性要求，会使得这些解释方法的运用变得无所适从。

如文义解释就是依据刑法条文的字面含义进行的解释。文义解释除了文义之外并不考量别的要素，因此通过文义解释得出的范围是非常广泛的。正因如此，我们才需要运用其他解释方法来实现对文义解释的限定。如果要求文义解释也必须是合宪的，那么在进行文义解释时除了考量文义的要求，还需要考虑合宪性的

❶ 李希慧. 刑法解释论 [M]. 北京：中国人民公安大学出版社，1995：82.
❷ 刘艳红. 刑法解释原则的确立、展开与适用 [J]. 国家检察官学院学报，2015，23（03）：95-104.
❸ 苏永生. 刑法合宪性解释的意义重构与关系重建——一个罪刑法定主义的理论逻辑 [J]. 现代法学，2015，37（03）：137-150.

要求，这会破坏文义解释的独立性。实际上，一种解释方法之所以具备独立地位，是因为其具有独立的考量因素。就文义解释而言，其在对刑法条文进行解释时，需要考量也仅需要考量文义因素，超出文义范围的考量因素已经不再是文义解释的范畴。例如，我国《刑法》第 306 条规定了辩护人、诉讼代理人妨害作证罪，要求"威胁、引诱证人违背事实改变证言或者作伪证"。如何理解这里的"引诱"，如果采用文义解释，"引诱"就是指诱导、劝导。这里既包括通过暴力、利益等的诱导，也包括单纯语言上的诱导。至此，文义解释的使命已经完成。也就是说，上述对"引诱"概念的解释都是符合文义解释规则的。但是，明显可以看出，上述解释并非完全合乎宪法规定的。平等原则是宪法的基本原则，《刑法》第 307 条规定了妨害作证罪，对于非辩护人、诉讼代理人实施的妨害作证行为，《刑法》要求具备"以暴力、威胁、贿买等方式"要件。在对这两个罪名对比后就会发现，采取文义解释的方案会造成辩护人、诉讼代理人更容易入罪，这显然不符合宪法上的平等权要求。因此，只有对《刑法》第 306 条"引诱"的概念进行限缩解释，要求必须是以暴力或贿买方式进行的引诱，才能符合宪法中平等权的要求。但这种意义上的解释还属于文义解释吗？其显然已经超出了文义解释的范畴，而是通过其他方法（实际上正是合宪性解释方法）得出的结论。因此，要求在具体解释方法中落实合宪性的要求实际上会破坏具体解释方法的独立性，使得具体解释方法在运用时变得无所适从。

　　第二，将刑法合宪性解释作为解释原则或限度，误读了解释原则、限度与解释方法之间的差异。无论是解释原则说还是解释限度说，都否认了合宪性解释作为刑法具体解释方法的属性。要想厘清此问题，核心就是区分刑法解释原则、限度与刑法解释方法。实际上，刑法解释原则或限度都是站在宏观视角，对具体的刑法解释活动所提出的要求。而刑法解释方法则是微观上进行刑法解释的具体路径。那么，该如何理解这种具体路径呢？

刑法解释方法中"方法"一词的字面含义是"到……的途径"，现在一般引申为：在给定的条件下，为了实现特定的目标而采取的正确的途径、步骤、手段、措施等。❶ 在传统的主客体的思维方式下，"方法"一词是把"刑法文本"当作刑法解释的对象，而把刑法解释当作一种理论理性的纯粹智识性活动。也就是将刑法文本按照解释方法这一"操作指南"运作之后，就可以输出解释结论，进而作为刑事案件裁判的"大前提"加以运用。本书认为，这体现的是一种主客体的思维方式。但是法律解释不同于自然科学，不只是法官对法律文本的主客体关系，还涉及主体之间的关系。申言之，法官进行解释活动不能仅由自身进行隐秘操作，而应当将操作过程展示出来，让其他司法参与者能够参与对话。

因此，我们可以从主体间性角度来理解刑法解释方法中的"方法"，那就是从"理由"等角度来展开。张明楷教授指出，文理解释、体系解释、历史解释与目的解释，都是为了论证作为大前提的法律规范的真实含义，或者说，都是为特定的大前提的真实含义提供理由的解释方法。❷ 从"理由"的角度来理解刑法

---

❶ 葛洪义. 法律方法讲义［M］. 北京：中国人民大学出版社，2009：4.
❷ 张明楷. 刑法学（上）［M］. 北京：法律出版社，2021：42.

解释方法，更多体现了一种主体间性的思维方式，也就是说，法官等刑法解释者并非通过某种路径去"发现"刑法条文的含义，而是需要将自己的论证理由进行阐明。其他人当然也可以依据一定的因素和理由去论证自己对法条的理解。不同解释者运用不同的解释方法，彼此展开论辩，进而达成对刑法条文含义的一致意见。实际上，法律的解释活动并非法官的独角戏，而是一场所有司法参与者的大会演。只有让诉讼各方都参与其中，才能真正促进纠纷的平息和案件的解决。这也契合哈贝马斯提出的法律商谈理论。诉讼各方并不是在合作寻求真理，不管其动机是什么，都对一个从法官的视角来看有助于得到公平判断的商谈过程作出了贡献。只有这种视角对论证判决来说才具有构成性意义。❶

　　前述论者之所以认为刑法合宪性解释是一种宏观的解释原则或限度，而不是一种具体的解释方法，实际上是对合宪性解释的作用产生了误解。他们认为合宪性解释并未从实质上为确定刑法条文含义提供理由。实际上，刑法合宪性解释符合刑法解释方法的基本要求，当从"理由"角度来理解解释方法时，刑法合宪性解释也能为刑法条文含义的阐明提供论辩"理由"。例如，前文提到的在解释《刑法》第306条辩护人、诉讼代理人妨害作证罪中的"威胁、引诱证人违背事实改变证言或者作伪证"时，依照文义解释，"引诱"既包括通过暴力、利益等的诱导，也包括单纯语言上的诱导。按照历史解释、

❶　[德] 哈贝马斯. 在事实与规范之间：关于法律和民主法治国的商谈理论 [M]. 童世骏译，上海：生活·读书·新知三联书店，2003：277 –283.

体系解释和目的解释，也很难对上述范围做进一步的限定。而从宪法平等原则出发，则可以将单纯语言的诱导行为从"引诱"中排除。由此可见，合宪性解释以宪法规定作为基本标准，为刑法条文含义的理解和澄清提供了实质性的论辩"理由"。

综上所述，应当摒弃合宪性解释作为解释原则或解释限度的观点，而将其定位为一种实质性的解释方法。

三、体系解释与目的解释定位之检讨

前述论者认为应将刑法合宪性解释视为体系解释或目的解释，本书并不认同此种观点。实际上，刑法合宪性解释与体系解释或目的解释虽然具有一定的联系，但仍存在较大的区别。

刑法合宪性解释要求在解释刑法时应当注意协调与宪法之间的关系，这与体系解释的思考方式存在一定的相似之处。然而，刑法合宪性解释与体系解释仍存在本质上的不同。

首先，这涉及如何理解体系解释。如果将体系解释中的"体系"限定为刑法体系，那么刑法的体系解释就是将刑法条文某个用语置于刑法体系之中，分析其在刑法体系中的章节位置以及与其他相似用语之间的关系来探析其含义。此种意义的体系解释显然与合宪性解释不相同。如果将体系解释中的"体系"视为整个法体系，也就是要求刑法条文的解释应该注意整个法体系的协调统一。此时，从表面来看宪法也处于法体系之中，那么合宪性解释也应当被视为体系解释的一种特别类型。但是，宪法在法体系中的地位和作用与其他法律有着显著区别，正是这种区别造就了合宪性解释的独特地位。晚近以来，刑法与其他部门法的关系

问题得到了学界普遍的重视。学者普遍赞同刑法属于后置法和保障法，只有当民法、行政法等法律的保护不充分时，才能够发动刑法。但在具体的法律适用中，刑法和其他部门法的关系并不是这么简单。实际上，民法、行政法等部门法和刑法也会存在一些交叉的地方。当其他法律条文和刑法存在竞合或冲突时，应当如何调和两者之间的关系？这就需要宪法的介入。由于宪法是我国法律体系的统帅，具有最高的效力，在出现上述情况后，应当依据宪法来协调不同部门法之间的关系，进而确定具体刑法条文的含义。也就是说，在处理刑法与其他法律之间的竞合或交叉关系时，宪法发挥着协调的作用，此时，合宪性解释就以其地位和作用的特殊性从体系解释中超脱出来。因此，不能简单地将合宪性解释视为体系解释。例如，对于"枪支"的概念，行政法意义上的"枪支"和刑法意义上的"枪支"存在一定的差异。按照公安部《公安机关涉案枪支弹药性能鉴定工作规定》，当所发射弹丸的枪口比动能大于或等于1.8焦耳/平方厘米时，一律认定为枪支。但是，在处理刑法中涉枪案件时，也不能完全按照公安部门的规定进行"枪支"的认定。从合宪性角度来看，比例原则要求公权力干涉应当具备必要性。刑法作为制裁手段最为严厉的法律，不应当被轻易发动。因此，刑法中的"枪支"认定标准应当比行政法中的"枪支"认定标准更为严格。由此可见，当行政法规定和刑法规定存在交叉时，宪法实际上发挥着协调的作用。

　　刑法合宪性解释与目的解释具有一定的相似性，两者都具有较强的价值评价色彩。但刑法目的解释中的"目的"是刑法规范的目的,● 而非其他法规范的目的。而合宪性解释则考量的是宪法上的目的。这就反映了两者之间的区别。尽管在多数情况下,刑法目的和宪法目的是一致的,但并不能排除在少数情况下两者之间存在目的上的不同。

例如,对于刑法中的赌博罪,其刑法保护目的就存在以下观点争议:赌博罪侵犯的是社会的善良风俗或公序良俗;赌博罪侵犯的是国家对社会风尚的管理秩序;赌博罪侵犯的是勤奋的国民生活方式或勤劳生活美德;赌博罪保护的法益是有关赌博的公正的社会秩序;赌博罪的本质是导致他人的财产危险。上述对赌博罪保护目的的阐释在刑法范畴内都具有一定的合理性。但是,结合宪法规定,就可以平息上述目的解释引发的争议。我国《宪法》第 6 条规定:"国家在社会主义初级阶段……坚持按劳分配为主体、多种分配方式并存的分配制度。"宪法所认可的个人收入分配制度是按劳分配为主体、多种分配方式并存。无论是聚众赌博、以赌博为业的行为,还是开设赌场的行为,都是不被宪法认可的合法获得收入的行为。赌博行为等射幸行为明显违反宪法规定的按劳分配为主体、多种分配方式并存的分配制度与经济生活秩序,亦即违反以法律认可的劳动、投资等取得财产的健全的经济生活秩序。● 当然,这种违反经济生活秩序的行为破坏的是广义的社会秩序,而并非直接破坏社会主义市场经济秩序。因此,在合宪性解释的视域下,赌博罪的保护目的应该被界定为以法律认可的劳动、投资等方式取得财产这一国民健全的经

● 赵秉志主编. 刑法学总论研究述评(1978—2008)[M]. 北京:北京师范大学出版社,2009:104.
● 张明楷. 法益初论(下册)[M]. 北京:商务印书馆,2021:853 – 859.

济生活秩序。由此可见，刑法合宪性解释与目的解释也存在一定的区别。在进行目的解释时，依据的是刑法的规范保护目的，一般来讲就是刑法的保护法益。这种"目的"的判断可以结合刑法罪名的构成要件表述、罪名的章节顺序等要素综合考量。但是无论如何考量，都是在刑法范围内进行的目的考量。而合宪性解释则是结合宪法的保护目的进行的考量。因此，合宪性解释和目的解释虽然都属于依靠价值判断展开的解释方法，但是两者的价值判断标准存在一定的差异，不能将合宪性解释视为刑法的目的解释方法。

　　总而言之，合宪性解释虽然和体系解释、目的解释之间存在一定的联系，但是它们之间也存在较为显著的差异。就体系解释而言，宪法虽然也属于法律体系的一部分，但是宪法在法律体系中发挥的是统帅作用。当刑法和其他部门法在具体规定上存在冲突或竞合时，应当依靠宪法来调和这种冲突或竞合。此时，合宪性解释就因为宪法在法律体系中的特殊性而从体系解释中脱离，具有独立解释方法的特性。就目的解释而言，刑法保护目的和宪法保护目的在一般情况下是一致的，但是也不排除在少数情况下两者在保护目的上存在差异。刑法目的解释中目的判断依据的是刑法内部的考量，而合宪性解释则是以宪法规定作为价值判断的依据。因此，并不能将合宪性解释纳入目的解释的范畴之中。

第三节　独立刑法解释方法说之提倡

　　通过上述探讨可以看出，将刑法合宪性解释理解为宪法解释实际上是对合宪性解释的一种误读。刑法合宪性解释的对象是刑法而不是宪法，这就决定了其并不具备宪法解释的属性。刑法解释原则或限度说认为合宪性解释不是具体的解释方法，而是对刑法解释的宏观性、全局性要求。这种思考路径对刑法解释方法存在一定的认知偏差。每种刑法解释方法都有其独立的论辩理由，要求每种解释方法的结果都应当具备合宪性其实并不现实，同时也会破坏文义解释、历史解释、体系解释和目的解释的独立性。实际上，合宪性结果的最终出现正是运用了合宪性解释方法后所呈现的效果。体系解释说或目的解释说虽然承认了合宪性解释的解释方法属性，但是，在具体论证上也存在一定的不足。合宪性解释与体系解释、目的解释虽然具有一定的相似性，但也存在本质上的差异。综上所述，应当从独立刑法解释方法角度来分析合宪性解释的体系地位。本书认为，刑法合宪性解释之所以具有独立解释方法属性，有以下三个原因。

一、刑法合宪性解释能够提供独特的解释理由

刑法合宪性解释是以宪法规定为标准导出刑法解释结论的一种解释方法。刑法合宪性解释的特殊之处在于，它很难主动地、独立地阐明刑法条文的含义。它更多的是在借由其他解释方法得出的解释方案中选取其中合宪的解释方案，排除其中不合宪的解释方案。因此，其与传统的文义解释、历史解释、体系解释和目的解释方法之间存在一定交互作用。因此引发了其能否作为独立解释方法的疑问。事实上，解释方法的交互作用是刑法解释过程经常发生的情况，甚至是形成刑法解释结论必然经历的过程。任何一种解释方法都不足以独立完成刑法解

的任务。例如，刑法文义解释其实是所有解释的开端，任何解释都应当以刑法文义为基础。纯粹的历史解释、体系解释或目的解释本身也很难独立地得出刑法解释结论。因此，不能以合宪性解释存在与其他解释方法的交互作用而否定其独立解释方法的地位。

正如前文所述，刑法解释方法中"方法"应当从"理由"角度来理解。刑法解释方法是否具有独立性，主要取决于其能否提供区别于其他解释方法的独立论辩理由。传统的文义解释、历史解释、体系解释和目的解释四种解释方法都为刑法条文含义的阐明提供了独特的论辩理由。如文义解释是从刑法用语角度来确定刑法条文含义。体系解释是根据刑法条文在整个刑法乃至相关法律中的地位，结合相关法条的含义，进而阐明其规范意旨。历史解释是根据制定刑法时的历史背景以及刑法发展的源流，阐明刑法条文的含义。目的解释是指根据刑法规范的目的，阐明刑法条文的含义。而合宪性解释以其特有的标准来为刑法条文含义的阐明提供论辩理由，也就是以宪法规定来确定刑法条文的含义。其间存在的差异可能是，其他四项解释方法都是以解释要素或标准命名的，只有合宪性解释未点明解释标准，而是笼统而概括地以"宪（法）"为名称。正如有论者所指出，合宪性解释是以"一致性"作为解释标准。但是，和宪法的"一致性"本身并不是合宪性解释的标准，而是目标。追求与宪法的"一致性"恰好揭示了合宪性解释是以宪法规范为解释标准或解释依据。因此，如果合宪性解释明确以它的解释要素代称，置换为合"基本权利"解释或合"宪法规范"解释，那么它作为第五种解释标准能够自然地归入文义解释、历史解释、体系解释和目的解释等要素、等系列当中。● 例如，抢劫罪中存在入"户"的加重情节规定。如何界定这里的"户"？按照文义解释来看，户可以是供"家庭生活"的，也可以是供"个人生活"的。运用体系解释、历史解释或目的解释的方法，也很难对此问题提供明确的结论。而从宪法基本权利角度切入，就可以为此问题的解释提供基本的方向指引。从我国宪法的规定来看，宪法规定保护公民的住宅自由，其权利主体是公民而非家庭，主要保护的是个人生活的安宁。因此，刑法中的"户"应当是提供"个人生活安宁"的场所，而并不必然是供家庭生活的场所。● 由此可见，合宪性解释能够以宪法规定作为论辩理由，为刑法解释结论的得出提供独特的论辩理由。

在萨维尼看来，法律解释乃是"存在于法律中的思想之重构"。因此，在法律解释的实际过程中，为了达到解释的目的，他所阐发的四个解释要素不是被任意选择的，而是共同发挥作用。● "法律解释不仅意味着寻找字句背后的意义，还意味着从字句所涵盖的各种不同的意义当中，选出正确的和决定性的意义。"● 为了满足法律解释的"正确性"要求，刑法合宪性解释运用了与传统法律解释不同的论辩理由。传统法律解释主要是在刑法体系内部采用各种理由来阐明刑法条文的含义，而合宪性解

● 周育. 合宪性解释研究 [M]. 上海：上海人民出版社，2021：110.
● 杜强强. 论宪法规范与刑法规范之诠释循环——以入户抢劫与住宅自由概念为例 [J]. 法学家，2015（02）：24 - 25.
● [德] 阿图尔·考夫曼. 当代法哲学和法律理论导论 [M]. 郑永流译，北京：法律出版社，2002：160 - 162.
● J. Kohler, Lehrbuch des Bürgerlichen Rechts, I, 1906, S. 125. 转引自周育. 合宪性解释研究 [M]. 上海：上海人民出版社，2021：101.

释采用的理由则源于宪法对刑法解释"正确性"的要求。换言之，从刑法内部来看，刑法条文的含义总会存在不同的解释，而合宪性解释的理由就在于，并非所有解释都是与宪法相一致的。解释者应当根据宪法对这些解释予以判断何种解释可能是与宪法相符的或不相符的，进而选取合宪的解释作为解释结论。

二、刑法合宪性解释参与解释结论的最终形成

前述论者认为刑法合宪性解释不是一种解释方法，还存在另外一个原因，即刑法合宪性解释不参与传统四种解释方法所提供的论辩理由的综合比较和论辩的过程，而是处于该过程之后。也就是说，合宪性解释只是在刑法解释完成后从中选择合宪的解释结论，而并没有参与到刑法解释结论的形成过程中。

本书认为，这种观点对合宪性解释的具体运行方式存在较大的误解。不能认为合宪性解释只是在传统解释方法的解释过程结束后才介入，而是在刑法解释的具体结论尚未得出之前就参与到解释过程中，进而帮助传统解释方法形成解释倾向。具体而言，合宪性解释是在通过传统解释方法产生了诸多解释方案，而解释结论还未最终产生时发挥作用的。以宪法规范为标准判断通过传统解释方法所形成的哪种或哪几种可能的解释倾向与宪法规定相合或不合，进而运用宪法规定排除不合的解释倾向，保留相合的解释倾向。至于最后产生的合宪性结论，那恰恰是运用了合宪性解释方法以后呈现出来的结果。

刑事司法案件的法律适用并不是一蹴而就的，更多情况下法官将案件事实和刑法法条来回对照，目光往返于法条与事实之间。在这个过程中，为了使得案件事实和刑法条文的距离更加接

近，需要结合案件事实情况对刑法条文进行解释。在最终的解释结论诞生之前，采取某种或某几种解释方法得出的解释"结果"，应该只能称为解释可能或者解释方案——这绝对不等同于最后的解释结论。前述论者之所以否认合宪性解释的解释方法地位，原因就在于此。他们混淆了解释可能（或方案）与解释结论的区分，认为解释可能（或方案）就是解释结论。既然此时刑法解释已经结束，合宪性解释只能从这些解释可能（或方案）中选出合宪的选择，排除不合宪的选择。合宪性解释当然不是所谓的解释方法。但他们没有注意到的是，此时诞生的只是初步的解释可能（或方案），整个刑法解释过程并未结束。所谓合宪性的筛选正是合宪性解释发挥其解释方法的作用阶段。下面举一个具体例子来说明这个过程。《刑法》第 253 条规定了侵犯公民个人信息罪，其罪状表述为"违反国家有关规定……"对于"国家有关规定"的解释，实际上存在多种解释方案。一种是将"国家有关规定"限定为法律和行政法规，另一种是将部门规章也纳入"国家有关规定"的范畴。此时，属于运用文义解释等方法得出了诸多种解释可能。而合宪性解释就是要强化其中合宪性的解释可能，排除不合宪的解释可能，最终得出解释结论。根据宪法的法律保留原则，限制公民权利的重大事项只能由法律规定，不能将部门规章作为适用刑事罚则的依据。由此来看，第一种解释方案更加符合宪法中法律保留原则的要求，应当作为最终的解释结论。

三、刑法合宪性解释处于特殊的解释位阶

学界一般认为刑法解释的位阶包括顺序位阶和效力位阶两个

层面。多数学者认同刑法解释存在顺序位阶和效力位阶。就刑法解释的顺序位阶而言，不同学者之间存在认知上的差异。如梁根林教授认为，刑法解释应遵循"文义解释—体系解释—历史解释—目的解释—合宪性解释"的顺序。❶苏彩霞教授也持同样的观点。❷对于刑法解释的效力位阶，认同合宪性解释的学者通常将合宪性解释置于最高的效力位阶。如苏彩霞教授指出，合宪性解释是对其他解释结论的最后检验，不合乎宪法的解释应当予以摒弃。也有一些学者直接否认刑法解释方法之间存在位阶。如周光权教授认为，刑法解释没有固定的顺序，而应当更加关注刑法解释的实践应用。❸那么，刑法解释方法之间是否存在顺序位阶和效力位阶呢？如果存在，又应当如何确定合宪性解释的位阶？这些问题值得进一步思考。

就刑法解释的顺序位阶而言，本书认为刑法解释确实存在一定的顺序性，合宪性解释应被置于解释顺序的最后环节。具体而言，文义解释是刑法解释适用顺序的开端，体系解释、历史解释与目的解释之间没有固定的适用顺序，而合宪性解释应当置于刑法解释适用的最后环节。首先，对任何刑法用语都需要先进行文义解释。无论是何种意义上的刑法解释，都是以待解释之规范的"可能语义"为界限的。超出此范围，就已经不再属于刑法解释而属于法律续造领域。❹刑法与民法不同，其严格遵循罪刑法定原则，不允许超出刑法条文的文义范围进行法律续造。其次，就

❶ 梁根林. 罪刑法定视域中的刑法适用解释 [J]. 中国法学, 2004 (03): 122 – 133.
❷ 苏彩霞. 刑法解释方法的位阶与运用 [J]. 中国法学, 2008 (05): 106 – 108.
❸ 周光权. 刑法解释方法位阶性的质疑 [J]. 法学研究, 2014, 36 (05): 159 – 174.
❹ [德] 齐佩利乌斯. 法学方法论 [M]. 金振豹译, 北京: 法律出版社, 2009: 88.

体系解释、历史解释和目的解释而言，三者之间不存在特定的顺序位阶关系。在这三者之间安排适用的顺序实际上不符合刑法解释的实际情况。一方面，司法适用者在面对刑法条文存在多种文义解释可能时，完全可以直接依据体系解释、历史解释或目的解释中的一种或多种解释方法来探析刑法条文的真实含义。另一方面，刑法解释的过程也会受到解释者所持解释理念的影响。例如，主观解释论者往往更加倾向于历史解释，而客观解释论者则更加偏重目的解释的应用。因此，不必主张体系解释、历史解释和目的解释之间存在位阶关系。否则，可能会使得刑法解释活动变得僵化，从而不利于处理复杂多变的案件情况。❶ 合宪性解释应当处于解释顺序的最后环节，这有助于对前述各种解释方法产生的解释方案进行合宪性检验。刑法解释者必须从刑法条文自身出发来确定其含义，在业已确定的含义中选择最合乎宪法规定的含义作为结论。因此，应当通过传统刑法解释方法从刑法体系内部得出初步的解释范围，最后根据宪法从中选择合宪性的解释方案。当然，亦有学者提出疑问，既然运用其他所有解释方法得出的解释结论都必须接受合宪性解释的检验，何不直接采用合宪性解释来解释刑法用语，而非得多此一举呢？❷ 本书认为，这正是合宪性解释的特性导致的，由于宪法规定的宏观性，合宪性解释能提供的只是一个较为宽广的解释空间，其很难直接界定刑法条文的内涵。宪法搭建的是一个整体法秩序，同时依据不同部门法的特点安排其调控范围。在对刑法等部门法进行解释时，应先在

❶ 苏彩霞. 刑法解释方法的位阶与运用 [J]. 中国法学, 2008 (05): 97 – 108.
❷ 苏永生. 刑法合宪性解释的意义重构与关系重建——一个罪刑法定主义的理论逻辑 [J]. 现代法学, 2015, 37 (03): 143 – 150.

刑法等部门法内部探析条文含义，宪法发挥的主要是外部限制作用，因此所谓"直接采用合宪性解释来解释刑法用语"是宪法无力做到，也不应承担的。否则，宪法就会成为部门法的总则，这实质上贬损了宪法作为根本法的地位，也会影响刑法等部门法的作用发挥。

就刑法解释的效力位阶而言，认同合宪性解释作为解释方法的学者普遍赞同合宪性解释具有最高的效力位阶。这实际上是由合宪性解释的特性所决定的，即宪法作为根本大法，具有最高的法律效力。其他解释方法都是站在刑法内部视角对刑法条文含义进行的阐明。这种解释还需要接受宪法这一终极环节的考验。对此，有学者对刑法解释提出了合刑性和合宪性的区分。[1] 合刑性是指刑法解释应当合乎刑法的规定，例如，在解释强奸罪中的强奸"妇女"时，就不能将男性也列入强奸罪的保护对象。这是刑法内部罪刑法定原则的基本要求。但是，仅符合刑法的规定并不能证成刑法解释结论在法秩序上的最终正确性。刑法解释还应当具备"合宪性"，即刑法解释应当合乎宪法的要求。如果对刑法解释进行合刑性和合宪性的区分，合宪性解释方法无疑在解释效力位阶上具有最高的效力。例如，《刑法》第 266 条规定了盗窃罪中"盗窃公私财物"的构成要件。对此的主要解释争议是，"财物"是否只限于有形财物，是否包括财产性利益。对此，采用文义解释、目的解释等方法存在不同的解释可能。此时就应当考虑宪法中财产权保护的规定对上述解释争论加以判定。在 2004 年，我国对宪法中财产权的规定进行了修改。修改前《宪

---

❶ 孙万怀. 刑法解释位阶的新表述 [J]. 学术月刊，2020，52（09）：95－109.

法》第 13 条第 1 款为"国家保护公民的合法的收入、储蓄、房屋和其他合法财产的所有权",此条款被修改为"公民的合法的私有财产不受侵犯"。财产权入宪有着深刻的社会历史背景,实际上扩大了宪法对公民财产权的保护范围。财产关系随着社会的发展日益复杂化,物权与债权相互交融,二者的界限日益模糊。出现了"债权物权化"与"物权债权化"的趋势,诸如银行定期存款属于债权,但是一般民众视为物权进行处理。在这种情况下,财产权入宪意味着宪法对财产权的保护不再局限于所有权,而是对公民私有财产的全面保护,财产性利益(特别是债权)应纳入侵犯财产罪的调控范围,将财产性利益理解为"财物"的解释方案更加符合宪法的规定。

综上所述,刑法合宪性解释以宪法规则和原则等一系列宪法规范为标准,提供了传统解释方法所不具备的新的解释理由,参与刑法解释的结论形成环节,同时具有特殊的解释位阶。因此,其具备独立刑法解释方法的地位。

第四章

刑法合宪性解释的合宪标准

　　刑法合宪性解释的合宪标准是进行合宪性解释的核心问题。所谓标准，即用来判定是否为某一事物的根据或者规范，评测某一范围内的活动及其结果的技术规范或者其他行为准则。在运用传统解释方法对刑法条文进行解释时，可能起初会产生多种解释方案，此时就需要借助合宪标准来对这些解释方案进行合宪性判断。具体而言，排除其中不合宪的解释方案，保留其中合宪的解释方案，最终得出合乎宪法的解释结论。上述过程的展开都需要合宪标准来发挥具体作用。那么，在进行刑法合宪性解释时，判断解释方案是否合宪的标准应当如何设定？这需要进行深入的分析。

第一节　刑法合宪性解释合宪标准述评

　　对于刑法合宪性解释的合宪标准，主要存在以下几种代表性学说：以德国为代表的比例原则基准说、以美国为代表的三重审查基准说和我国的宪法规范说。在这些基准中，谁可以作为刑法合宪性解释的合宪标准，还有待进一步的研究。

一、德国的比例原则标准说

德国合宪性审查采用的是"单一制"的审查标准，也就是其判断标准是单一的，具体指的就是比例原则。在德国，比例原则最早发源于行政法的理论和实践。随着宪法审查制度的发展，行政法中的比例原则逐渐拓展到宪法领域。从目前的刑事司法实践来看，德国以比例原则为主体内容的合宪性标准主要应用于刑事法规的合宪性审查环节。但实际上，此种标准也被德国联邦法院应用于刑法解释之中，充当刑法合宪性解释的标准。

由于比例原则要求公权力行使的目的、手段与对公民基本权利的损害之间应当具有适度的比例关系。一般认为，比例原则包括适当性、必要性和均衡性三个子原则，这三者分别处理的是手段与目的、手段与手段、结果与目的之间的关系。其中，适当性是欲达成的目的与实现目的所采用手段之间应当具有关联性。必要性是指存在多种实现目的的手段时，应当选择对公民权益造成损害最小的手段。均衡性是指公权力所欲实现的公共利益与公民个人自由之间应当相称。❶ 只有逐次通过上述三个层面的限定，才能最终确保公权力对公民基本权利的干涉是合限度的。❷ 在德国刑事法领域，以比例原则为主体的合宪标准对于开展合宪性解

---

❶ 姜涛. 追寻理性的罪刑模式：把比例原则植入刑法理论 [J]. 法律科学（西北政法大学学报），2013，31（01）：100–109.

❷ 陈晓明. 刑法上比例原则应用之探讨 [J]. 法治研究，2012（09）：91–100.

释发挥了重要作用。此项标准既可以应用于定罪环节，也可以应用于量刑环节。

在定罪环节，德国联邦宪法法院运用比例原则作为合宪标准，对犯罪的构成要件进行合宪性解释。德国联邦宪法法院在2004年对"洗钱罪"的判决就是一个典型例证。本案主要的争议点是，刑事辩护律师收受的报酬是洗钱得来的资金，此时辩护律师是否构成洗钱罪。《德国刑法典》第261条对洗钱罪进行了明确的规定。如果仅从此规定的文义出发，行为人在收取报酬时不需要对资金的来源具有明确认知。而宪法法院指出，如果仅依据字面含义对《德国刑法典》第261条中的洗钱罪进行宽泛解释，就会对律师从事职业的自由造成侵害。为了使刑法典此条款与律师的基本权利相协调，就必须对该条款进行合宪性限缩解释，即只有律师在接受报酬的时间点，明确知悉该项资金来自《德国刑法典》第261条所列举的违法行为，刑事辩护律师的行为才符合刑法中洗钱罪的构成要件。否则，将会对公民职业自由造成不合比例的限制。❶

在量刑环节，德国联邦法院也运用比例原则对刑罚的裁量进行合宪性的限制。例如，在2004年德国联邦宪法法院就曾经运用比例原则来分析财产没收刑中扩大没收的合宪性。所谓扩大没收，是指行为人从事常业性或组织性犯罪活动，在对之处以财产没收时，行为人的财产客观上可能源于犯罪行为，但是却无法确切证明财产标的究竟源于何种犯罪行为，因此法院就会特别降低

---

❶ ［德］斯特凡·科里奥特. 对法律的合宪性解释：正当的解释规则抑或对立法者的不当监护？［J］. 田伟译，华东政法大学学报，2016, 19（3）：5-14.

没收其犯罪所得的证明标准。不难看出，扩大没收的主要问题在于，将没收的范围扩大到了案外财产以后，实际上有可能侵害当事人的财产权。那么，此种刑罚裁量是否具有合宪性呢？对此，德国联邦法院运用比例原则进行了如下分析。首先，从适当性原则来讲，犯罪是对刑法规范效力的一种破坏，而通过实行刑罚则可以恢复刑法规范的有效性。如果犯罪人持续地保有犯罪所得的财产利益，将会打击民众对于法秩序不可破坏性的信赖。由此来看，扩大没收是一种适当的刑事手段。其次，从必要性原则来讲，为了惩治此类犯罪，扩大没收的手段并非过分严厉的，法院也并没有找到比之更轻微且同样可以实现刑法目的的合理手段。因为，在这些常习性、组织性犯罪中，犯罪人的犯罪行为是持续且非常隐秘的，办案机关很难证明犯罪人的财产具体源自哪些犯罪。这也是过去剥夺犯罪人经济利益常常失败的原因。最后，从均衡性原则来讲，扩大没收的手段也是实施此类犯罪的犯罪人可以预期的。通过上述分析，德国联邦法院认为扩大没收的方式具有合宪性。当然，法院同时指出，对于扩大没收过程中不合理的严苛情形，也可以通过刑法和刑事诉讼法中相关条款的具体适用予以排除。

二、美国的三重基准说

与德国以比例原则为主体的单一制合宪标准不同，美国在宪法审查的实践中发展形成了三重基准说。美国合宪性审查的"三重基准"是在双重基准为原型的基础上形成的。所谓双重基准是指依据基本权利类型的差异来确定相对应的审查严格尺度。具体而言，基本权利分为自由权和经济社会权两个类别。在美国，言论、宗教、出版、集会是具有优越地位的自由权，对此类权利的限制应当接受严格的标准审查。而对于社会性的、经济性的相关立法，则可以适用较为宽松的标准进行审查，以促进社会经济的发展。在此基础上，美国法院为了解决一些介于两者之间的权利类型，又发展出了中度审查基准，最终形成了所谓的三重基准的合宪性标准。

三重基准具体包括以下三种标准。①严格审查标准。从权利范围上说，在美国适用严格标准进行审查的案件一般包括宪法明示或者默示的基本权利，例如选举权、言论、出版、集会、宗教自由、迁徙权等。在严格审查标准下，要求政府必须严格证明其实施的限制公民基本权利的行为是为了实现合法目的所必需的、无法替代的，同时也是限制最小的手段。②宽松审查标准。宽松审查标准是美国法院在审理社会经济立法时采用的一项标准。按照宽松审查标准，一项社会经济法律的目的合法且所采用的手段与目的之间具有合理的联系即可。③中度审查标准。从字面上即可看出，中度审查标准的审查严格程度介于前述两种标准之间。中度审查标准主要适用于性别歧视、非婚生子女的歧视、商业性言论和学术论坛上的言论等方面的案件。此种标准要求法律应当具备以下条件：目的是合法重要的，同时采取的手段也是限制较小的。❶

三、我国的宪法规范说

我国刑法学界和宪法学界普遍赞同将宪法规范作为合宪判断

---

❶ 汪进元. 基本权利限制的合宪性基准 [J]. 政法论丛，2010（04）：3－10.

的标准。所谓宪法规范，是指调整宪法关系并具有最高法律效力的各种规范的总和。根据其抽象程度的不同，大致可以分为宪法规则、宪法原则等类型。但是，具体应当根据宪法规范中的哪些内容作为合宪性解释的标准，不同学者之间又存在很大的观点争议。

我国宪法学者黄卉教授提出，合宪性解释的依据应当包括宪法规则、原则和精神。❶ 刑法学者时延安教授则认为，宪法精神过于抽象和模糊，存在很大的不确定性，因此合宪性解释的依据是指宪法规则和原则，而不应当包括宪法精神。时延安教授指出，宪法规范可以分为权力规范和权利规范。其中权力规范是指宪法赋予国家机关权力的有关规范，而权利规范是指通过宪法规定公民基本权利的规范。这两类规范对于刑法合宪性解释都能够发挥限制作用。时延安教授着力凸显了宪法权利规范对于刑法解释的限定作用，认为宪法中的权利规范对于合宪性解释发挥主要作用。❷ 例如，平等权或者平等原则是宪法规定的重要权利，在刑法解释适用中应当被严格遵守。但在刑事司法实践中，一些案件的裁判并未严格地遵守宪法上的平等要求。司法实践中为了避免职务犯罪、经济犯罪等服刑人员受到"特别关照"，对此类服刑人员的减刑、假释从严把控。实际上，这种从严把控是有违平等原则的。因为相较于其他犯罪人，此类犯罪人并不具有特殊的人身危险性。在过往的刑罚执行中，对此类犯罪人进行从宽处理，这当然是不合理的。但是，对此类犯罪人矫枉过正，也违反

❶ 黄卉. 合宪性解释及其理论探讨 [J]. 中国法学, 2014 (01): 285 - 302.
❷ 时延安. 刑法规范的合宪性解释 [J]. 国家检察官学院学报, 2015, 23 (01): 70 - 77.

了宪法中平等原则的规定。又如，宪法明文规定"公民的合法私有财产不受侵犯"。这对于刑法解释适用具有重要的指导意义。在刑法适用中，应当充分保护行为人的合法财产。再如，言论自由是宪法规定的重要基本权利。刑法中很多犯罪都与言论自由行使有关。诸如，煽动性犯罪、诽谤罪、寻衅滋事罪等。在此类犯罪的认定中，应当避免对公民的言论自由行使造成过度压制。对此问题，可以从正反两个方向展开判断。从正面判断是指，"有害"言论必须形成具体危险或造成实害时，才能动用刑法对行为人加以干涉；从反面判断就是，要将一些正当行使言论的行为排除在刑法干涉之外。例如，一些意见性和批评性的言论、纯情绪的表达，及基于公共媒体报道、权威人士发布等具有公信力来源的信息传播行为。

　　张翔教授认为，应当将基本权利和比例原则作为合宪性调控的基本标准。❶ 其指出，刑法中的法益理论最早起源于费尔巴哈的权利侵害说，正是以基本权利为基准，才可以将刑法与道德、宗教、意识形态等斩断，为刑法干预社会生活提供基本的界限。同时，刑罚手段属于对公民基本权利的剥夺，这当然应当受到比例原则的审查。例如，终身监禁的适用尽管符合比例原则下适当性的要求，却并不符合必要性的要求。因为必要性原则要求公权力的行使应当选择对公民权利侵害最小的手段。对于职务犯罪人来说，即使其刑罚执行完毕，也已经没有机会再担任公职，在这种情况下，对之适用最严厉的手段终身剥夺其人身自由显然是不

❶ 姜涛. 法秩序一致性与合宪性解释的实体性论证［J］. 环球法律评论，2015，37（02）：141－157.

合比例的。张明楷教授着力凸显以基本权利为核心的法益理论和比例原则对于刑法的限定作用。[1] 他明确指出，比例原则作为宪法重要原则之一，应当将之引入刑法中，从而实现对刑罚权的合理控制。当然，其主要是从刑事立法的角度展开的分析。实际上，上述标准对于刑法解释同样可以发挥限制作用。

第二节　既存刑法合宪性解释合宪标准之不足

无论是德国的比例原则说还是美国的三重基准说，抑或我国学者提出的宪法规范说，都为进行刑法合宪性解释提供了相对明确的标准，这对于当刑法条文存在多重含义时判断何种解释方案合乎宪法提供了最基本的判断标准，这是上述标准的可取之处。但不得不指出的是，上述标准仍然存在或多或少的缺陷。本书认为，既存的刑法合宪性解释合宪标准存在欠缺全面性、针对性、可操作性和实体法依据等不足之处。

一、既存合宪标准欠缺全面性和针对性

作为合宪标准，首要的要求就是应当具备全面性。如果合宪标准自身存在缺漏，这显然会影响合宪判断结果的准确性。从德国合宪判断的比例原则来看，其主要考量的内容显然是手段与目的之间的关系。通过比例原则中三项子原则，即适当性、必要性和均衡性，依次判断的是手段是否有助于目的的实现、手段本身

---

[1] 张明楷. 法益保护与比例原则 [J]. 中国社会科学，2017 (07)：88 - 108.

是否必要以及手段所实现的目的是否大于对公民权利造成的损害。这对于判断手段与目的之间的关系可谓极为详尽。刑罚手段作为后果非常严厉的公权力行使手段，运用比例原则对之进行判断，无疑有助于实现对刑罚适用的合理限制。但是，正如有论者所言，比例原则的一个重大缺陷就是其并未包含对目的正当性的判断。❶ 如果目的本身存在正当性问题，那么再精确的手段限制也只是隔靴搔痒。例如，在对某一罪名的构成要件进行解释时，确定其保护法益是首要的任务。如果对法益保护方向的判断存在偏差，即使采用比例原则对刑法适用条件进行更为精细的限定，也无法起到足够的作用。就美国的三重基准说而言，其根据基本权利种类的不同进而适用不同的限定基准，这当然有其出彩之处。但是，在目的正当性的判断上也存在前述不足。我国学者所提出的宪法规范说，总体来说是非常全面的。其将宪法规范作为合宪标准，可以将所有的宪法规定加以涵盖，这对于实现刑法合宪性解释合宪标准的全面和无遗漏当然是十分有效的。但是，其在宪法规范的具体范围上仍然存在不小的争议。具体而言，宪法规范到底包括何种内容，宪法精神、政策是否应当被包含在其中，有待进一步界定。

　　合宪标准还应当具有针对性。所谓针对性，是指合宪标准是否能够针对刑法解释进行具体适用。前述德国的比例原则合宪标准和美国的三重基准合宪标准并非针对刑法合宪性解释而设置的，而是作为合宪性审查的一般标准，统一适用于所有公权力行为的审查环节，既包括立法领域，也包括行政执法领域。因此，

---

❶　刘权. 目的正当性与比例原则的重构［J］. 中国法学, 2014 (04)：133-150.

这两种标准对于进行刑法合宪性解释可能缺乏一定的针对性。刑法属于广义公法，刑法适用当然具有公权力行使的性质，但是其仍然具有自身的一些特殊性。而宪法规范说同样存在类似的问题。宪法规范包含宪法的全部内容，但是否所有的宪法规范都能够对刑法解释起到限制作用，这是值得进一步思考的。例如，宪法规范按照其内容的不同，可以分为国家目标规范、基本权利规范和组织性规范等类别。其中，组织性规范主要规定国家机构的构成和职权，这对于刑法解释基本无法发挥作用。再如，国家目标规范能否对刑法解释发挥限制作用，是存在一定的争议的。因为《宪法》对国家目标的规定往往是非常宏观的。例如，《宪法》第26条第2款规定，国家组织和鼓励植树造林，保护林木。这显然很难对刑法的解释适用产生具体影响，国家也很难采用刑事手段实现此宪法目标。

二、既存合宪标准的可操作性仍有不足

对于合宪标准而言，可操作性也是非常重要的。标准是用来判定某一事物的根据或者规范，如果标准缺乏可操作性，那么势必会影响其具体适用的展开。如前所述，在运用传统解释方法对刑法条文进行解释时，可能会产生多种初步的解释可能，此时就需要借助合宪标准来对这些解释可能进行合宪性判断。具体而言，排除其中不合宪的解释可能，保留其中合宪的解释可能，最终得出解释结论。在我国现有司法发展阶段下，刑法的合宪性解释正处于萌芽状态，如果设置极为繁杂精细的合宪标准，实际上不利于刑事司法工作人员进行合宪性解释。

德国宪法的比例原则属于单一制的判断机制，虽然具有一定

的抽象性，但可以较为普适性地应对不同领域的合宪性问题。应当说，这便于司法工作人员的具体操作。而美国宪法的三重基准原则，在对公权力行使的合宪性判断上是非常精细的，但是，对于刑法的解释而言，如此精细的适用标准似乎过于烦琐了。我国刑法中的罪名多达几百个，其中涉及人身权、财产权、言论自由、平等权等为数众多的权利类型，要求法官在适用每个罪名时，结合个罪涉及权利类型的不同，进而展开严格程度不同的合宪性判断，这无疑是过于烦琐的。限于我国司法实践的发展状况，这种精细入微的适用技术很难在短时间内为我国司法工作人员所娴熟掌握。

我国学者所提出的宪法规范判断标准则是走向了另一个极端。所谓宪法规范，包含了宪法中的所有规定。这在全面性上是值得称道的，但是同时也具有不小的缺陷，就是其内容过于宽泛。宪法规范规定的内容大致包含国家目标、公民基本权利、国家机构等，本身就具有很强的抽象性。即使是宪法专家也很难对之进行全面的掌握。要求我国刑事司法工作人员从浩繁的宪法规范中准确识别出具体案件所对应的具体宪法规范，然后以之作为依据对刑法条文的解释进行恰当的限定，这无疑是一个过于繁重的要求，在可操作性上存在一定的不足。在本书第二章对合宪性解释的适用分析中可以看出，我国司法工作人员在将宪法规范应用到刑法解释适用中时，可能会具有一定的随意性，缺乏固定的操作标准和规则。对于同一类型的刑事案件，有的法官运用了宪法规范进行合宪性解释，有的法官却没有运用可能涉及的宪法规范。笔者认为，这种现象的产生的原因正是由于合宪标准过于宽泛。刑事法官在对宪法规范的理解和运用上显然不能和全国人民代表大会工作人员和宪法专家学者相提并论。如果将合宪标准设定为全部的宪法规范，那无疑就得要求刑事法官精熟宪法规范的内容，这种要求显然是过于理想化的。由此可见，以全部宪法规范作为刑法合宪性解释的合宪标准，在可操作性上存在一定的不足。

三、既存合宪标准欠缺实体法依据

就合宪标准而言，应当具有实体法上的依据。换言之，是否合乎宪法，应当按照宪法本身的规定进行判断，而不能仅依靠学者们的理论观点。对于某一宪法问题，宪法理论上可能会提出形形色色的学说。如果仅依据宪法学说进行合宪性判断，显然会造成合宪性判断的随意性。因此，合宪标准的设定应当直接源于我国宪法规定本身。劳东燕教授指出，对刑法解释进行合宪性控制主要包括两个方面：一是宪法文本内容，特别是有关基本权利的规定对刑法解释的控制；二是人民主权、权力分立、法治国等基本原则与精神对刑法解释的控制。❶ 大体而言，这种观点是合理的。但值得注意的是，这些基本原则或规范必须是由宪法明文规定或者能够从宪法规定中推导出来的，而不能纯粹源于理论上的设定。这也告诫我们，不能简单地将外国刑法解释的合宪标准照搬照抄过来，作为我国刑法解释的合宪标准。

以德国的比例原则合宪标准来说，其经历了一个长时间的发展过程。比例原则作为基本原则广泛存在于德国当下的公法领域。在思想起源上，宪法意义上的比例原则与行政法意义上的比

---

❶ 劳东燕. 刑法中目的解释的方法论反思 [J]. 政法论坛，2014，32（03）：77-91.

例原则存在密切的关联，比例原则首先在行政法领域得到普遍认同，随后扩展到宪法领域。在这个过程中，比例原则是伴随着个人基本权利观念的逐渐增强而发展起来的。最初的比例原则，也就是行政法上的比例原则，滥觞于18世纪末的德国法律思想和实践。1794年《普鲁士一般邦法》中规定，"警察可以采取必要的手段以维护公共安宁、安全和秩序，预防对公众或个人的危险"，可以将其视为最早体现比例原则的法律规范。这是因为在当时的普鲁士，警察权的行使范围非常广泛，很难受到上级行政机关以外的限制。为了避免警察权的滥用，在学者们的推动下，上述"必要"要求被提出。也就是说，警察权的行使必须是为了维护公共秩序或个人安全所"必要"的。从文义上可以看出，这里所谓的"必要"和现代意义上比例原则中的必要性原则并不相同，主要指的是现代比例原则中的适当性原则，即警察权的发动必须是合法的目的。这体现出民众对于公权力行使的正当性的一种省思。如果公权力缺乏正当目的，那么就必然会对公民基本权利造成不恰当的限制。在此之后，学界围绕行政权力行使目的进行了大量深入的理论探讨。直到1911年，德国行政法学者弗莱纳提出了"勿用大炮击麻雀"的言论。这形象地表达了警察权力的行使应当是适度的，而不能对行政相对人的权利造成过度的损害。这在1931年《普鲁士警察行政法》中得到了认可，该法第十四条明确指出如果有多种手段可以防御危险时，警察机关应当尽可能选择一种对行政相对人损害最小的手段。该法第十四条明确体现了必要性原则的内涵。当时的西方社会刚刚经历了第一次世界大战，对以警察权力为代表的国家权力行使具有很高的警惕性，非常重视通过法律形式实现对公民权利的保护。在第二次世界大战中，由于民主、法治等理念遭受破坏，比例原则的发展一度停滞。在第二次世界大战结束后，随着法律秩序的恢复，比例原则迎来了新的发展可能。1953 年，德国在《联邦行政执行法》中规定，"强制手段应当尽可能最小损害相关方与公众利益"，该条款最早体现了狭义比例原则（即均衡性原则）的要求。也就是说，公权力行使所带来的损害应当与所追求的目的之间合乎均衡比例。至此阶段，完整意义上的比例原则在法律规范层面初步形成。1958 年，德国联邦宪法法院审理了著名的"药房案"。该案的基本案情如下：德国某州的《药剂师法案》规定，申请新设药房必须符合一定的条件，即在商业上可行，同时对附近的竞争不造成损害。一个移民者在申请新设药房时被政府拒绝。但是，其认为政府法案的规定不当地侵害了公民的职业自由。因此，其提出了宪法上的诉求。德国联邦宪法法院在本案的审理中运用比例原则，认为职业自由是公民重要的基本权利，只有在公共利益确有需求时才能对之加以限制，而且这种限制应当是对公民职业自由干预最小的手段。最终认定该州法案的相关条款是违宪的。❶

　　经过上述梳理可见，德国比例原则经历了一个漫长的理论发展和司法实践过程，最终才将之确立为合宪性判断的基本准则。但是，我国对于比例原则的应用更多的是吸纳他国的经验，并未经历前述发展历程。在这种情况下，比例原则能否作为我国合宪判断的基本标准，就需要经过进一步的实体法推导，这个过程是不能省略的。

---

❶ 杨临宏. 行政法中的比例原则研究 [J]. 法制与社会发展，2001 (06)：42–49.

以美国的三重基准合宪标准而言，其最早发源于自由权与社会、经济权相区分的二重基准理论。其内涵精髓在于根据基本权利性质的不同而设置不同的审查标准。从基础层面将基本权利依据其重要程度进行层级划分，这与美国注重言论自由等政治权利自由的历史传统有着重要的联系。但是，在我国《宪法》中并不存在对不同权利的层次排序和等级设置。在我国，不同种类的基本权利之间大体处于平等地位，并不存在具有优先地位的基本权利。因此，这种合宪标准对于我国刑法的合宪性解释是否具有参考价值，是值得进一步考量的。我国学者朱苏力教授曾经对此问题展开了一定的研究。其以《秋菊打官司》电影拍摄时引发的肖像权纠纷案以及邱氏鼠药案为例，主张当言论自由与其他名誉权等之间发生权利冲突时，应当赋予言论自由以更优越的地位。[1] 但这种主张受到多数宪法理论学者的批判。[2] 朱苏力教授的这种主张，如果采用上述美国的合宪判断标准，无疑是较为合理的。但我国的历史状况和权利认知理念与美国并不完全相同。在我国，言论自由当然是公民重要的基本权利之一，只是其在权利体系中并不具有所谓的优先地位。因此，本书认为，在处理刑法解释中的权利冲突问题时，应当从个罪的犯罪构成出发，结合案件具体情况进行针对性处理。如果在基础层面上，赋予言论自由以优越地位，以言论自由行使来一概地阻却违法性的认定，这显然有违罪刑法定原则，也不能为我国刑事司法实践所采纳。由此可见，美国的三重基准合宪判断标准与我国的实体法规定存在

---

[1] 朱苏力.《秋菊打官司》案、邱氏鼠药案和言论自由 [J]. 法学研究, 1996 (03)：65 – 79.

[2] 张翔. 基本权利冲突的规范结构与解决模式 [J]. 法商研究, 2006 (04)：94 – 102.

一定的差异，并不能简单地将之照搬过来作为我国刑法合宪性解释的合宪判断标准。

而我国学者所主张的宪法规范说总体上契合我国宪法实体法的相关规定，当然，正如前文所提到的，宪法规范中哪些内容可以作为刑法合宪性解释的标准，这也有待进一步的研究。例如，前述有论者认为宪法精神也可以作为合宪标准。但是，宪法精神的内涵高度抽象，更多源于理论上的总结与阐释，其内涵具有不确定性。如果想从实体法中推导出宪法精神，就需要进一步的思考。此外，如果将宪法规则、原则和精神同时作为合宪判断标准，那么当某一宪法规则或原则与宪法精神发生冲突时，又当如何处理？这在宪法理论上存在很大的争议。因此，是否应当将宪法精神作为合宪标准的内容，这是有待质疑的。

第三节　综合性合宪标准之提倡

一、综合性合宪标准的内涵

在对前文各种合宪标准进行分析的基础上，本书认为，在对刑法解释的合宪性进行判断时，应当提倡一种综合性的合宪标准。所谓综合性合宪标准，是指以宪法规则和原则为内容，主要由宪法基本权利与法律保留原则、明确性原则、比例原则等构成的合宪标准。

从合宪标准来源来看，宪法规范（宪法规则和原则）是构成合宪标准的基本来源。正如前文所述，宪法精神的内容过于抽象。其大致包括社会主义本质、改革开放、民族团结、实事求是、一切从实际出发等内涵，这些内容已经在具体的宪法规则和原则上得到了体现，此时就不需要再动用宪法精神对刑法解释进行限定。与宪法原则相比，宪法规则更为具体，以基本权利为核心的宪法规则对于刑法解释的合宪判断发挥着主要作用。宪法原则在抽象性和具体性之间较为平衡，也是合宪标准的重要组成部分，法律保留、明确性原则及其比例原则等宪法原则对于刑法解释的合宪判断也起到重要的作用。

从合宪标准基本内容来看，合宪标准主要从目的正当性和手段正当性这两个方面来限定刑法规范的解释适用。一方面，合宪标准包括目的的正当性，其核心内容就是公民的人身权、财产权等基本权利，这要求刑法解释应当是以保护基本权利为方向的。对于侵害个人法益的犯罪而言，刑法直接保护的就是个人的基本权利。值得探讨的是，对于侵害集体法益的犯罪，基本权利是否能够发挥合宪判断标准的作用？其实，所谓集体法益，就是服务于个人权利和自由实现的社会条件。集体法益本身不是目的，而只是一种手段。因此，在对侵害集体法益犯罪的刑法解释中，要特别注意集体法益具有服务个人权利实现的属性。如果所谓的秩序、制度等集体法益有碍于个人基本权利的实现，就不是刑法应当保护的适格法益。另一方面，基本权利只是为刑法解释确定了基本方向，目的的正当性并不能证成手段的正当性。因此，刑法解释还应当接受手段上的合宪性限定。这主要包括形式上和实质上两方面的审查。所谓形式审查，主要是指刑法解释应当符合法律保留原则和明确性原则的要求。只有法律能够规定犯罪和刑罚，刑法不能超越法律的规定范围来限制公民权利。同时，刑法解释的结果应当符合明确性的要求，避免出现不明确的解释结论。所谓实质审查，是指刑法解释应当严格遵循比例原则的限定。刑事手段作为对公民权利限制力度最为严厉的方式，应当符合目的妥当、手段适当、结果均衡三个方面的要求。

二、综合性合宪标准的优势

本书所提倡的综合性合宪标准具有以下几个优势。

第一，综合性合宪标准具有全面性和针对性。综合性合宪标准不像德国的单一制比例原则标准或美国的三重基准，而是将基本权利等宪法规则以及法律保留原则、明确性原则、比例原则等宪法原则都纳入标准之中，既审查刑法解释适用的目的正当性，也审查刑法解释适用的手段正当性。这样就实现了合宪标准的全面性，避免了合宪标准内容上的疏漏。此外，综合性合宪标准将宪法规范中针对于刑法解释能够发挥指引和限制作用的内容剥离出来，这样就将刑法解释的合宪标准与一般性宪法审查的合宪标准区分开来，有助于实现合宪标准的针对性。例如，宪法基本权利中规定了人身权利、民主权利等内容，这对于指导刑法中侵害人身权利、民主权利犯罪的解释具有重要的指导作用。宪法也规定了公民财产权，这对于刑法中财产犯罪的解释也起到重要的限定作用。宪法规定了平等权，那么在刑法解释中应当对公民权利进行平等的刑法保护。用一个例子来具体说明上述问题。我国《宪法》第 39 条规定："中华人民共和国公民的住宅不受侵犯。禁止非法搜查或者非法侵入公民的住宅。"此基本权利规定对于《刑法》中的入户型抢劫罪等涉户犯罪的解释具有指导作用。在对入"户"抢劫的认定中，司法解释将"户"界定为供他人家庭生活的场所，这不当地缩小了公民"住宅"自由的保护范围。实际上，宪法意义上的"户"主要是指保障个人生活安宁的场所，与家庭生活之间并没有必然的联系。如果将"户"的范围限定为家庭生活场所，那么单人居住或多人合租的场所就无法得到刑法此条款的保护，这无疑有悖于宪法的规定。

第二，综合性合宪标准具有较强的可操作性。我国的刑法合宪性解释仍然处于初步发展阶段，此时就需要一套可操作性较强的合宪标准。正如前文所述，美国的三重基准说，要求根据权利类型的不同进行严格程度不同的合宪判断。这无疑超出了我国目前司法工作人员的能力要求。因此，为了使刑法合宪性解释能够实现进一步的发展，就应该设置一套方便司法工作人员使用的合宪标准。综合性合宪标准从目的和手段两个角度审查刑法解释适用的合宪性，为进行刑法合宪性解释提供了较为详尽但并不繁杂的判断标准，这样的判断标准具有较强的可操作性。例如，在对我国《刑法》第225条非法经营罪进行合宪性解释时，可以较为便捷地通过综合性合宪标准对该罪相关条款的解释进行限定，具体包括以下几个方面：首先，可以在合宪性视域下界定非法经营罪的保护法益。从广义上来讲，本罪的保护法益是社会主义市场经济下的经营秩序，但单纯的秩序本身并不是刑法的保护对象。国家设置了种类繁多的法律规范来维持社会秩序。其中，有一些法律规范主要是为了方便行政管理而颁布的，这更多是为了实现国家管理的需要。对于那些不服务于个人基本权利与自由实现的秩序保护规范，仅体现行政管理的需要的，就不是刑法上适格的保护法益。例如，在"王某军非法经营案"中，首先王某军收购玉米的行为表面上违反了粮食收购的规定，但是实际上并没有损害粮户的利益和国家粮食流通秩序。也就是说，对于这种单纯损害行政秩序，而没有对市场参与主体的自由造成损害的行为，就不应当被认定为犯罪。其次，为了防止司法实践对非法经营罪的滥用，应当依照法律保留原则的要求，对非法经营罪中"违反国家规定"进行严格的限制解释，部门规章、地方性规定等不应当属于"国家规定"的范围。最后，根据比例原则的要求，刑法作为终极保障法，只有当其他法律手段已经穷尽时，才能动用刑法进行规制。因此，在适用非法经营罪时应当综合考虑行为人相关行为的法益侵害程度，综合性地判断其行为是否具有刑法上的可处罚性。由此可见，综合性的合宪标准适用起来较为便捷，易于被司法工作人员所掌握，具有较强的可操作性。

第三，综合性合宪标准具有我国宪法实体法的依据。综合性合宪标准是以我国宪法规范为内容来设定的，但排除了宪法精神。这是因为宪法精神在抽象程度上过高，而且主要源于理论上的总结，导致其内涵外延并不明确，不适宜作为刑法解释合宪判断的标准。宪法基本权利等宪法规则是宪法规范的主体内容，当然具有实体法上的依据。而法律保留、比例原则等宪法原则虽然在实体法上没有明文规定，但可以从宪法相关条文中推导出其实际也具有实体法上的依据。虽然我国《宪法》并未直接规定比例原则，但结合我国《宪法》的相关规定可以推导出比例原则的内容。我国《宪法》第 51 条内在蕴含了比例原则。[1]《宪法》第 51 条规定："中华人民共和国公民在行使自由和权利的时候，不得损害国家的、社会的、集体的利益和其他公民的合法的自由

---

[1] 刘权. 比例原则的中国宪法依据新释 [J]. 政治与法律, 2021 (04): 68 - 78.

和权利。"这被称为"权利的限度"条款。首先，此条款要求行使权利应有助于实现权利的目的，这就体现了目的正当性的要求。其次，为了避免在权利行使的过程中损害公共利益与他人合法权利，就应当在必要限度内实现自身权利，这就体现了手段必要性的要求。此外，权利行使应当避免损益失衡。如果权利行使"损人不利己"，显然属于滥用权利，这体现了均衡性原则的要求。由此可见，"权利的限度"条款中蕴含了比例原则的要求。宪法中"国家尊重和保障人权"条款也体现了比例原则。国家尊重和保障人权，意味着只有出于合法的公益目的时，才能对公民人权进行限制。如果不是出于合法目的，这种限制就是对权利的践踏。此外，对公民权利的限制也应当是必要的且损害最小的，否则就违背了国家尊重和保障人权的内在要求。由此可见，国家尊重和保障人权条款中也蕴含了比例原则的精神。综上所述，综合性合宪标准的内容具有实体法上的依据。

第五章

刑法合宪性解释的运用（上）：以基本权利确定解释方向

在将刑法合宪性解释明确为一种独立的刑法解释方法，并确定了适当的合宪标准以后，如何对之展开运用就成了关键问题。基本权利为刑法合宪性解释确定了基本的解释方向。刑法所要保护的法益，其实就是公民的基本权利以及保障公民基本权利实现的必不可少的现实存在与条件。前者就是所谓的个人法益，后者就是所谓的集体法益。因此，基本权利对刑法合宪性解释具有重要的指引作用。在基本权利视域下，应该如何理解刑法的法益理论；基本权利的内涵和特点是什么，其应当如何发挥对刑法解释的方向调节作用？公民人身权、财产权、平等权和言论自由权等基本权利对于进行刑法合宪性解释具有哪些具体影响？本章就以上基本问题展开探讨。

第一节　基本权利视域下刑法法益观的重塑

刑法通说认为，刑法的目的在于保护法益。刑法法益理论经历了悠久的发展历程，对刑法解释产生了重要的影响。刑法法益与基本权利之间有着密切的关联，法益侵害说就是在权利侵害说的基础上形成的。但从法益理论的发展来看，刑法法益逐渐开始出现偏离基本权利的趋势，这可能导致刑法解释在合宪性上出现一些问题。在此意义上，应当在基本权利的视域下重新审视刑法法益理论。

一、刑法法益的历史沿革：从权利侵害说到法益保护说

封建时代的刑法主要是统治阶级借以维护自身统治的工具。张明楷教授指出，封建刑法具有干涉性、恣意性、身份性和残酷性。❶ 在这种背景下，刑罚权越扩张就越有利于统治者的统治，当然也就不存在以何种标准来限制刑罚权发动的问题。近代以来，自然法思想得到复兴，个人权利意识越来越受到重视。启蒙时代的思想家开始认识到，国家发动刑罚的目的应当受到限制。英国政治哲学家洛克指出，生命权、财产权和自由权是个人的基本权利，从个人的基本权利出发才能证成政府权力来源的正当性。❷ 德国哲学家康德指出，人只可能成为目的而不能作为手

---

❶　张明楷. 刑法学（上）[M]. 北京：法律出版社，2021：4.

❷　[英]洛克. 政府论（下篇）[M]. 叶启芳，瞿菊农译，北京：商务印书馆，1964：3.

段，国家的任务就是保护个人的自由与权利。❶

刑法学者费尔巴哈援引康德学说，认为国家的目的就是保护所有公民的外部自由。因此，必须找到一个严格的标准来划分国家刑罚权干涉的边界。他提出，只有当行为人实施某种行为，侵犯了他人所享有的权利时，国家才能发动刑罚来禁止这种行为。❷ 刑罚的目的就是防止个人的基本权利遭受侵害，这就是所谓的"权利侵害说"。尽管费尔巴哈在提出权利侵害说时还存在不彻底之处，将一些风化犯罪、宗教犯罪仍然保留在刑法之中，但是不能否认"权利侵害说"所具有的跨时代意义。其突出特点在于具有强大的"犯罪界分功能"，这使得在刑法实定法体系之外找寻到一个检验其合法性的分界点。申言之，"权利侵害说"找到了一个区分刑事犯罪和违反道德、一般违法行为的边界，从实质意义上回答了犯罪的概念，为刑罚权的发动提供了明确的根据。

但不得不指出的是，"权利侵害说"在对犯罪本质进行定义时存在一个根本性的缺陷，也就是后来比恩鲍姆所提出的质疑，权利是由法律赋予的，其本身既不会减少也不会被夺走。❸ 在此基础上，比恩鲍姆提出，犯罪所侵害的不是权利本身，而是权利赖以存在的"财"，这也就是所谓的"财"侵害说。应当说，"财"侵害说弥补了"权利侵害说"的本质缺陷，从实体论的角

---

❶ [德] 卡尔·拉伦茨. 德国民法通论（上册）[M]. 王晓华，等译，北京：法律出版社，2003：46.

❷ 杨春洗，苗生明. 论刑法法益 [J]. 北京大学学报（哲学社会科学版），1996 (06)：13-24.

❸ 冀洋. 法益保护原则：立法批判功能的证伪 [J]. 政治与法律，2019 (10)：105-122.

度回答了犯罪的本质。但是，"财"侵害说在取得进步的同时也付出了代价，即其在斩断了与权利的联系之后，内涵变得空洞化，之前为"权利侵害说"所斩断的风化犯罪、伦理犯罪又被"财"概念重新囊括回来，这显然是一种历史的倒退。❶

在对前述理论批判继承的基础上，以宾丁和李斯特为代表的刑法学家提出了法益理论。❷宾丁认为，应当区分刑法条文和规范。规范是先于刑法法规的概念。实际上，刑法条文只是对违反规范的行为施加刑罚后果或决定不予处罚。犯罪的本质在于违反规范。同时，宾丁也意识到，规范本身不适合作为此罪与彼罪的标准。之所以要维护规范，就是为了法益保护的完整性。当然，宾丁的法益理论最终归结于实定法，而宾丁所定义的法益，实际上是一种"法条益"，即受到立法者所肯定的利益。因此，宾丁所倡导的法益更多起到的是规范解释的功能。而李斯特则是从另一个角度来界定法益概念。李斯特提出，所有的法益都是生活利益，这些并非法律的产物，而是社会本身的产物。换言之，法益是经过法律确认的生活利益。确立的法益是现实存在的生活利益，这使得法益可以脱离立法者本身的束缚，具备了自身独特的价值。李斯特的法益理论实现了对费尔巴哈"权利侵害说"的超越和提升，赋予了法益以独立品格。这种法益概念具有极强的立法批判机能，换言之，法益可以影响刑法干预的方向和范围。

---

❶ ［日］伊东研祐. 法益概念史研究［M］. 秦一禾译，北京：中国人民大学出版社，2014：39－40.

❷ 杨春洗，苗生明. 论刑法法益［J］. 北京大学学报（哲学社会科学版），1996（06）：13－24.

二、刑法法益的内涵扩张：脱离基本权利限制的刑法法益

刑法的目的在于保护法益。法益概念对于刑法目的认定具有根本性的影响。在法益理论诞生之初，其为刑法干涉社会生活划定了界限，从而免受道德、宗教等观念的影响。但是，不得不指出，随着社会发展带来的变化，刑法法益理论出现了新的发展动向，开始逐渐越过基本权利所划定的界限。

第一，法益的精神化。所谓法益的精神化，是指法益从原本仅限于现实世界中的、可以为人们感知和把握的事物，逐渐扩大至仅存在于精神世界的抽象观念，例如"社会价值""规范秩序"等。❶ 近年来，在以雅各布斯为代表的规范违反说的影响下，融合法益侵害说和规范违反说的二元不法理论逐渐成为违法论层面的主流学说。二元的不法理论在吸纳规范违反说长处的基础上，也不可避免地接受其影响。所谓规范违反说，就是主张犯罪行为侵害的是规范的效力，而相对应的刑法保护对象也就是规范的有效性。❷ 为了维持现代社会的秩序，保障社会生活的有效运行，规范维持理论当然有其长处。但是，受此理论的影响，原本实存意义上的法益概念也出现了精神化的趋势。法益开始接纳社会秩序等抽象的内容。例如，我国刑法主流学说都认为我国《刑法》第三章所规定的犯罪所侵害的法益是社会主义市场经济秩序，第六章所规定的犯罪所侵害的法益是社会管理秩序。在这种

---

❶ 陈璇. 德国刑法学中结果无价值与行为无价值的流变、现状与趋势 [J]. 中外法学，2011，23（02）：369–394.

❷ [德] G. 雅各布斯. 刑法保护什么：法益还是规范适用？[J]. 王世洲译，比较法研究，2004（01）：96–107.

观点的影响下，凡是侵害秩序的行为就是损害法益的行为。一些单纯违反秩序，但是并未对人的人身权、财产权造成损害的行为往往也被认定为犯罪。这使得法益理论的犯罪界分功能逐渐变得模糊。

第二，集体法益开始盛行。所谓集体法益，又称为超个人法益，保护集体法益是指保护"个人生存及发展的外部条件"。随着社会的发展，原子化的个人主义观逐渐不能适应社会的需求，人们的观念开始经历由"我"到"我们"的转变。❶ 想要个人自由发展、个人权利的实现，就需要建立一套完备的国家系统运作机制，其中包括税收制度、司法制度、公共卫生制度等基本社会制度，当然也包括国家架构的完整。这些构成了集体法益的主体部分。保护集体法益，进而为实现个人权利和自由创造良好的外部条件，是无可非议的。问题在于，集体法益更多地偏向秩序维护的一面，这与个人自由之间实际上存在着紧张关系。❷ 如果过度凸显集体法益的重要性，不可避免地会压缩个人自由的范围。这实际上也是对个人权利的一种侵害，这种做法加剧了法益保护与人权保障之间的紧张关系。

更令人担忧的是，随着集体法益的进一步发展，开始出现非人本主义的法益观。非人本主义的法益观不再以人类为唯一的利益归属主体，这种观点在环境犯罪中尤为凸显。在对环境犯罪保护法益的争论中，人类中心主义法益观与生态中心主义法益观呈

---

❶ 马春晓. 现代刑法的法益观：法益二元论的提倡［J］. 环球法律评论，2019，41（06）：134－150.

❷ 孙国祥. 集体法益的刑法保护及其边界［J］. 法学研究，2018，40（06）：37－52.

现出相互对立的趋势。❶ 人类中心主义法益观建立在人本主义基础之上，更注重对人类基本权利如生命权、健康权、财产权的保护。在《刑法修正案（八）》污染环境罪设立之前，《刑法》中重大环境污染事故罪的成立要求具备"造成重大环境污染事故，致使公私财物遭受重大损失或者人身伤亡的严重后果"，这是人类中心主义法益观的体现。应当说，这种观点过于偏重对人类基本权利的保护，忽视了环境保护的独立存在价值。同时，在这种法益观的指导下，环境犯罪多为结果犯模式。而环境保护有其特殊性，一旦污染结果出现，很难在短时间内予以恢复。这对于实现环境保护实际上是有所滞后的。也就是说，虽然打击犯罪的效果最终被实现，但是这对于环境保护的实现显然已经为时已晚。在这种情况下，生态中心主义法益观应运而生，这种法益观着力凸显环境法益的独立性，即认为环境刑法所保护的仅为环境法益，人类利益如生命、健康、财产则应当被排除在环境犯罪构成要件之外。而更加彻底的生态中心主义法益观，则完全把生态系统作为独立的保护对象，直接主张在生态系统中不预设与人类有关的事项。这使得集体法益的保护开始出现非人本主义的倾向。

第三，法益保护的前置化。伴随着集体法益的盛行，法益保护的前置化现象越发凸显。在传统刑法理论中，主要奉行结果犯的定罪模式。也就是说，当犯罪行为已经实际侵害法益并产生实害结果时，才能认定犯罪的成立。但是，现代社会为了更好地防范风险，主张刑法应当在法益保护的早期阶段就介入其中。在这

---

❶ 张明楷. 污染环境罪的争议问题 [J]. 法学评论，2018，36（02）：1–19.

种思想主导下，刑法中增设了大量的危险犯，特别是抽象危险犯。❶ 随着社会发展，人类社会面临的重大、不可控的风险呈爆炸式增加。生物医药、环境保护等诸多领域都存在着大量风险。纯粹的古典主义刑法观在应对社会风险时变得力不从心。为了在早期阶段控制社会风险，预防刑法理论开始盛行。在这种背景下，在刑法中设置更多的危险犯乃至实质预备犯，进而对法益进行早期保护，这有其现实合理性。但是，法益保护和人权保障之间存在着此消彼长的关系。如果过分地偏重法益的早期、全面、周延保护，势必会压缩个人自由的空间，这实际上可能会不当侵犯公民的基本权利，这也是预防刑法应当省思的。

　　经过上述分析可见，在刑法法益逐渐脱离基本权利的束缚以后，实际上成为国家刑罚权扩张的积极论据。❷ 劳东燕教授不无洞见地指出，尽管人们在理论上期望法益概念能够实现对刑法可罚性的限缩机能，但这种期望实际上是很难实现的。法益论更多施行的是"表面限缩/实质扩张"的操作技术：只要通过立法或解释操作，将某些生活利益归属为法益，就可取得利用刑罚保护的正当性，可以正当、合理地处罚侵害该利益的行为人，搭配法益保护的大旗，刑法实际上强化了行为控制与一般预防的机能。❸

三、刑法法益的返本开新：法益概念回归基本权利内核

　　法益概念的内涵不是一成不变的，而是随着社会变迁而不断

---

❶　舒洪水，张晶. 法益在现代刑法中的困境与发展——以德、日刑法的立法动态为视角［J］. 政治与法律，2009（07）：103－110.

❷　古承宗. 风险社会与现代刑法的象征性［J］. 科技法学评论，2013（01）：141.

❸　劳东燕. 刑事政策与功能主义的刑法体系［J］. 中国法学，2020（01）：126－148.

纳入新的意蕴。但是，随着集体法益的盛行，法益的抽象化与前置化乃至非人本主义化的趋势确实值得进一步省思。晚近以来，学界普遍认识到宪法，特别是宪法中的基本权利规范对法益具有重要的影响。罗克辛教授指出，"毫无疑问，对立法者产生约束性限制作用的，不可能是教授们的观点，而只能是宪法"。❶ 张明楷教授指出："法益必须与宪法相关联。"❷ 具体而言，应当围绕宪法所规定的公民的基本权利来确定刑法上的保护法益。当然，上述刑法学家主要是从立法论的视角来倡导宪法对法益内涵的影响。实际上，法益的作用更多体现在对刑法解释的影响。借助法益概念，可以从解释论的角度有效发挥宪法对刑法的制约作用。因此，法益理论有在宪法基础上进行重新思考的必要。这就是站在时代的起点上，构建一个以基本权利为内核的法益概念，使得刑法法益实现返本开新。

所谓法益概念的"返本"，指的是将法益理论溯源至权利侵害说。无论法益概念如何变化，基本权利始终是其核心内容。如前所述，权利侵害说的历史意义就在于为刑罚权的发动提供了一条明确的界限。换言之，只有侵害他人权利的行为才可能构成犯罪，这样就可以有效实现对刑罚权的制约。而随着刑法法益概念在发展的过程中不断扩张，原本清晰的法益概念变得逐步模糊。原本以限制刑罚发动为初心和使命的法益概念逐步成为证成刑罚发动正当性的根据。换言之，只要以侵害法益的名义，就可以将各种行为纳入刑法管制范围之内。无论是抽象的社会秩序还是非

❶ ［德］克劳斯·罗克辛. 对批判立法之法益概念的检视［J］. 陈璇译，法学评论，2015，33（01）：53-67.
❷ 张明楷. 法益初论（上册）［M］. 北京：中国政法大学出版社，2003：197.

人本主义的环境，都可以纳入其中。刑法由谦抑法、后置法开始转变为无所不包的社会治理急先锋。因此，有必要回溯到法益概念诞生之初，构建一个以基本权利为内核的法益概念。基本权利是一种客观存在的、以人为中心的实体权利。强调法益概念以基本权利为内核，就是要将那些完全对人的生命权、身体权、财产权没有损害的行为排斥在刑法干涉范围之外。例如，对于某些单纯侵害行政秩序，但对公民权利自由并未造成损害的行为，就不应当被认定为犯罪。在刑事司法实践中，"王某军非法经营案"就是一个典型的例子。王某军作为农民实施了无证收粮的行为。从前置法行政法来看，其行为违反了《粮食流通管理条例》中国家关于粮食收购许可的规定。但刑法之所以设置非法经营罪，就是为了维护社会主义市场经济秩序的良好运行，进而维护市场参与主体的利益。所谓的秩序本身，只是为了更好地实现市场经济参与主体的需要，并不是所有的秩序都能成为刑法法益，进而为刑法所保护。如果某种秩序仅是出于行政管理的需要，而与参与者个人的自由无关，就不应成为刑法保护的法益。[1] 我国的粮食收购制度产生于计划经济时代，这在特定历史时期发挥了促进粮食生产与流通的积极作用。但随着市场经济的确立，这种旧的粮食收购制度已经不能适应时代的需求。这种秩序就不再是刑法应当保护的法益。具体到本案中，王某军的行为并没有阻碍粮食生产者的积极性，没有压制粮食生产，没有损害农民的合法权益，也没有危害国家粮食安全和粮食流通秩序，就不应当被认定为非法经营罪的"其他非法经营行为"。

---

[1]　孙国祥. 集体法益的刑法保护及其边界 [J]. 法学研究，2018，40（06）：37-52.

所谓法益概念的"开新",是指刑法法益也应当随着时代变化纳入新的内涵。第一，集体法益在现代社会应当得到承认。在现代社会中，个人是不可能脱离集体而单独存在的。要想使个人的人身权、财产权得到合理保护，就必须构建一整套机制完善、运行合理的社会制度。试问，如果一个人在参与商品交换时却没有一套完善的市场交易机制，一个人在权利遭受损害时却没有合理的司法救济路径，那么个人的财产权、人身权等基本权利又如何得以维护呢？因此，刑法不只要保护公民个人基本权利，还要保障基本权利实现所必不可少的现实存在与条件，后者就是所谓的集体法益。以法兰克福学派为代表的一元论法益学者，仍然僵化地固守古典刑法的立场，认为只有个人才是法益的唯一主体，不承认集体法益的客观存在，这显然不符合现代社会的发展趋势。❶ 在现代社会，刑法不仅应直接保护个人的权利自由，还应保护个人权利行使自由的基本前提条件。只要刑法保护集体法益的限度是合适的，就不会损害个人的自由空间，反而会有利于个人权利行使。第二，对于现代刑法出现的法益保护前置化现象，应当承认其具有一定的合理性。在古代社会中，社会风险总体上是可控的，为了防止刑法过度干涉个人自由，只有在犯罪行为实际造成法益损害结果时，刑罚权才能发动。但在现代社会中，社会风险是多样的、不可控的。如果仍然僵化地固守古典刑法的理念，只允许刑法在损害产生后介入，这对于法益保护来说显然是滞后的。这就需要借助抽象危险犯，乃至预备犯等形式，在法益

---

❶ 马春晓. 现代刑法的法益观：法益二元论的提倡 [J]. 环球法律评论，2019，41 (06)：134－150.

侵害的早期就让刑法予以干预，进而实现对法益全方位、多阶段的保护。当然，在这个过程中，仍应注意刑法干涉的限度，不能让刑法以法益保护为名过分限制公民的权利自由。例如，前文所提到的刑法中对实质预备犯的处罚问题。对于实质预备犯的预备行为，是否适用总则中预备犯的规定，理论上存在肯定说与否定说的争议。从合宪性解释视角来看，刑法对实质预备犯进行处罚，是因为其存在侵害法益的抽象危险性，这体现了法益保护前置化的趋势。但是，对于实质预备犯的预备行为，距离法益侵害则过于遥远，实际上就不再具备处罚的正当性。因此，实质预备犯的预备行为应当被排除在刑法处罚范围之外。换言之，刑法在介入社会生活时，既要避免法益保护的不足，也要避免对个人权利自由的过度限制。

第二节　基本权利对刑法解释方向的调节

一、基本权利的内涵与特点

从一般的定义来讲，基本权利是指每个人作为人所应当享有的、必不可少的权利。要想更准确地理解基本权利，其核心就在于理解什么是权利。对于权利，存在不同的定义，如资格说、利益说、请求说等。其中具有通说地位的是资格说，即权利就是在法律关系中一方可以要求另一方作为或不作为的一种资格。当然，这种资格需要得到法律的认可。权利的种类是多种多样的，其中，具有最重要地位的、人们必不可少的就是基本权利。

理解基本权利的内涵，应当注意以下几个方面。第一，由于基本权利的重要性，一般会被写入一国的根本法——宪法之中。因此，本书认为基本权利指的就是宪法规定的基本权利。我国《宪法》第二章专门规定了公民的基本权利，其中包括平等权、政治权利与自由、宗教信仰自由、人身自由、社会经济权利、获得救济的权利等广泛的内容。值得注意的是，基本权利的规定并不限于《宪法》第二章，实际上《宪法》其他章节也规定了基本权利的内容。例如，《宪法》第 130 条规定，被告人有权获得辩护。获得辩护权也是公民的一项重要基本权利，对于刑事司法活动具有制约作用。第二，基本权利具有主观权利和客观权利的双重属性。● 一方面，基本权利作为主观权利，具有"防御权功能"，这就要求公权力行使不能对公民权利造成不当干涉。刑罚措施实际上是公权力对公民权利的剥夺，理应受到基本权利的制约。刑法学者对此问题是具有清晰认知的。李海东博士指出，早在几百年前，启蒙思想家们就提出，人类之所以制定刑法并不是为了遏制犯罪人，而是为了控制国家。❷ 试想，如果没有刑法，统治者就可以随心所欲地动用刑罚手段来应对犯罪。正是在现代意义上的刑法诞生以后，刑罚权的发动才受到了来自法律的限制。德国刑事法学者李斯特甚至直接提出，刑法是犯罪人的大宪章。由此来看，在对刑法规定进行解释适用时，应当特别注意宪法中基本权利的规定，不能将行使宪法基本权利的行为认定为犯罪。例如，刑法中不少犯罪都与言论自由的行使有关，如煽动型

● 张翔. 基本权利的双重性质 [J]. 法学研究，2015 (03)：21 – 36.

❷ 李海东. 刑法原理入门（犯罪论基础）[M]. 北京：法律出版社，1998：5.

犯罪、诽谤罪等。为维护公民的言论自由，就应充分运用上述宪法基本权利来约束这些罪名的解释适用。另一方面，基本权利也是一种客观的"价值秩序"，这一秩序对于国家相关制度的建立、司法体制的运行都具有重要的意义。❶ 无论是刑法还是民法，在适用过程中都受到作为客观价值秩序的基本权利的指导。刑法实际上是在民法等前置法对基本权利的保护存在不足时予以发动，进而实现对基本权利的后盾法保护。基本权利的客观价值属性对在刑法、民法等部门法内进行合宪性解释提出了要求。

要想准确把握基本权利的内涵，进而为刑法解释确立方向，就应当把握基本权利的特点，这也是基本权利区别于其他权利的地方。基本权利具有以下几个特点。

一是固有性与法定性。固有性是指，基本权利是人作为人与生俱来的，本身就应当享有的。从道德哲学上讲，这些权利是超越国家存在的。国家产生之后，也理应保护这些权利。例如，任何人都不能随意剥夺个人的生命权。在刑法理论中，被害人承诺放弃自身的某些利益，当然可以构成违法性的阻却。但是，生命权作为基本权利，即使是个人承诺放弃的，也不能阻却剥夺他人生命行为的违法性。法定性是指，基本权利是由宪法所直接规定的、经过宪法确认的。当然，这不是说某一基本权利如果没有在宪法中明文规定就必然不可能存在。我国宪法规定国家尊重和保障人权，只要属于人权的内容，即使宪法没有明文规定，也应当得到保障。例如，近年来刑法学者提出拐卖妇女、儿童罪的保护

❶　张翔. 基本权利的双重性质 [J]. 法学研究，2005（03）：21－36.

法益并不是妇女、儿童的人身自由权，而是妇女、儿童人身自由的不可出卖性，应当将此作为公民的基本权利由刑法加以保护。申言之，人作为主体，不能被当作商品而被买卖，这是人作为人的基本属性所在。在买卖人口犯罪中，妇女、儿童的人身自由固然值得保护，但这只是此类犯罪的附随法益，其真正的保护法益则是妇女、儿童的不可买卖性。本书认为，这种观点较好地运用了基本权利对刑法个罪的保护法益进行了合理阐释。

二是不受侵害性和受制约性。不受侵害性是较容易理解的。既然基本权利是人作为人所固有的权利，并且经由宪法这一根本法加以确认，当然是不受肆意侵犯的。刑法作为后盾法，是包括宪法在内的其他法律的保障力量。对于符合刑法规定的侵害基本权利的行为，应当予以制裁。当然，这并不意味着基本权利的行使是不受任何制约的。公民在行使基本权利时，不得损害国家、公共利益，也不得阻碍他人基本权利的行使。这对于刑法解释也具有重要的指导意义。例如，刑法中的正当防卫就要求行为人在实施防卫时不得超出必要的限度。又如，公民在行使言论自由时也不得侵害他人的名誉权和隐私权。

三是普遍性和特殊性。普遍性是指基本权利是人本身所固有的，不受民族、性别、职业、家庭出身、财产状况等的限制。基本权利集中体现了法律面前人人平等的要求。当然，基本权利也具有一定的特殊性，即在不同的国家、不同的历史阶段，基本权利的内涵和边界都是不同的。例如，在美国存在着优先保障公民自由权的传统，即使诸如公然焚烧国旗的行为，也被视为属于言论自由的表达范畴，受到宪法中言论自由条款的保护。但是，我国《刑法》明文规定了侮辱国旗罪，在公开场合侮辱国旗的行为，属于犯罪行为，应当受到刑法的制裁。在进行刑法解释时基本权利的这种特殊性也应当得到特别注意，不能将他国宪法对于基本权利的规定直接应用到我国刑法解释中。

二、基本权利的正向确立功能

宪法中的基本权利通过塑造法益的内容，对刑法解释起到正向的确立功能。张明楷教授指出："公民基本权利的实现以及保障实现公民基本权利的必不可少的现实存在与条件，才是刑法保护的法益。"❶ 宪法学者张翔教授亦认为法益的内核是基本权利。❷ 因此，基本权利塑造了刑法法益的基本内涵，这可以从正面确立刑法的保护方向。

第一，在个人法益的犯罪中，刑法直接保护的是个人基本权利。例如，《刑法》第四章所规定的犯罪保护的是公民的人身权利和民主权利；《刑法》第五章所规定的犯罪保护的是公民的财产权。此时，刑法基本权利对于刑法解释起到正向的确立作用。解释者应当注意刑法法条所保护的特定法益是否具有宪法上的基础，保证刑法解释的方向不会偏离宪法基本权利指引的方向。例如，刑法规定的抢劫罪等犯罪中，存在着入"户"等加重情节规定。如何界定这里的"户"，就是一个解释学的问题。在我国的司法解释中，曾经从"家庭生活"和"个人自由"两个角度分别阐释过"户"的概念。此时，这种学说争论在刑法理论内部很难得以平息。因此，从宪法基本权利角度切入，就可

❶　张明楷. 宪法与刑法的循环解释［J］. 法学评论, 2019, 37（01）：11 - 27.
❷　张翔. 刑法体系的合宪性调控——以"李斯特鸿沟"为视角［J］. 法学研究, 2016, 38（04）：54 - 55.

以为此问题的解释提供基本的方向指引。从我国宪法的规定来看，宪法中既规定了保护公民的住宅自由，也规定了保护家庭的条款。但从宪法教义学的视角来看，两者是完全不同的事物。住宅自由的权利主体是公民而非家庭，其主要保护的是个人生活的安宁。❶ 在中国传统社会中，一"户"在绝大多数情况下居住的是同一户口簿上的家庭人员，甚至会出现多代人同堂的情形。在农村，只有子女成家以后，才可能会从原有"户"中搬离出去，建立由自己与子女构成的新的"户"。在我国的"居民户口簿"中，也是以家庭构筑起"户"的基本范畴。但是，随着社会经济的发展，现代社会的家庭结构与居住形式都发生了很大的变化。在大城市中，个人租房居住或者几个非家庭成员的人员进行合租已经成为一种普遍的形式。在这种情况下，"户"的概念就不必然和家庭生活联系在一起。因此，应当结合宪法中对"住宅"的概念来界定刑法中的"户"。"户"的核心之处在于为个人安宁提供一个场所。正是在此意义上，入"户"实施的犯罪才会具有超出一般犯罪的不法性质，所以被刑法作为犯罪加重情节加以处罚。

第二，值得探讨的是，在侵害集体法益犯罪的解释中，基本权利能否发挥指引作用？如果可以，又应当如何发挥作用？这就引出刑法法益理论中的一个重大问题，就是法益一元论与二元论之争。法益一元论与二元论之争是围绕集体法益和个人法益的关系而展开的。一元论的代表如米歇尔·马克斯认为，任何超个人

---

❶ 杜强强. 论宪法规范与刑法规范之诠释循环——以入户抢劫与住宅自由概念为例 [J]. 法学家，2015 (02)：24-25.

的所谓集体法益，本质上就是个人法益。一元论的学者主张，只有个人才是法益的唯一主体。二元论代表如克劳斯·梯德曼则认为，集体法益的性质与个人法益不同。经济刑法体系或者其他刑法体系，是可以独立于个人法益所形成的刑法体系。❶ 应当说，在现代社会，不存在完全脱离集体的个人。要想实现个人的基本权利和自由，就应当构建一个良好的社会运行机制和外部环境。因此，一元论彻底否定集体法益存在的立场是很难站得住脚的。如果承认集体法益的存在，又应如何理解集体法益与个人法益的关系呢？德国刑法学者罗克辛教授指出，法益是对个人自由发展、个人基本权利的实现和建立在这种目标之上的国家系统的正常运转所必不可少的现实存在和目标设定。❷ 在此意义上，刑法之所以保护这些"现实存在和目标设定"，就是为了更好地维护个人的基本权利和自由。也就是说，可以将"个人"的概念进行一定程度的延展，通过"服务于个人自由之展开"这一基本标准来确定适格的集体法益。以环境犯罪为例，纯粹的人类中心主义法益观不承认环境法益的独立存在价值，其认为只有当某种行为对人类人身、财产造成实际损害时，才允许刑法的干涉。此时，由于环境损害结果已经现实发生，这种刑法保护实际上是较为滞后的。而纯粹的生态中心主义法益观，对生态系统本身进行独立保护，在抛离人类存在的设定以后，就会造成法益保护的非人本性和虚无性。因此，应当以"与个人相关联"为标准，构建一种人类—生态主义法益观，强调环境法益的中介性与人类法

---

❶　陈家林. 法益理论的问题与出路 ［J］. 法学，2019（11）：3－17.

❷　［德］克劳斯·罗克辛. 对批判立法之法益概念的检视 ［J］. 陈璇译，法学评论，2015，33（01）：53－67.

益的终极性。换言之，集体法益本身不是目的，而是一种手段。保护集体法益，就是保障"实现公民基本权利的必不可少的现实存在与条件"。因此，在集体法益适格性的判断中，基本权利依然可以发挥指引作用。

第三，以是否直接侵害基本权利为标准，可以分为侵害集体法益的犯罪和侵害个人法益的犯罪，这对于确定刑法解释方向具有重要的指引作用。以侵害英雄烈士名誉、荣誉罪为例。对于该罪的保护法益，学界有不同的争论。有观点认为该罪保护的是个人法益，即英雄烈士的名誉和荣誉，也有观点认为该罪保护的是集体法益，即社会秩序中的社会公共利益。❶ 本书赞同后者观点。首先，从刑法章节的安排来看，该罪被规定在我国《刑法》第六章妨害社会公共管理秩序犯罪中，这说明该罪保护的是集体法益。其次，如果将该罪的保护法益视为英雄、烈士的名誉，并且限于已经牺牲的英雄、烈士，这违背了刑法平等保护的原则。因为，牺牲的烈士和在世的英雄的荣誉、名誉都是社会情感、社会公共利益的重要组成部分，他们的事迹和精神是整个民族的共同精神财富，本质上是同一的，理应受到刑法的平等保护。❷ 最后，对于公民名誉权的保护，刑法已经规定了侮辱罪、诽谤罪等罪名，就此意义上，英雄、烈士和其他公民一样，都受到刑法的同等保护。如果侵犯了英雄、烈士的名誉权，同时也侵害了社会公共利益，这属于刑法理论上的犯罪竞合，可以择一重罪进行处

---

❶ 周光权. 法秩序统一性的含义与刑法体系解释——以侵害英雄烈士名誉、荣誉罪为例 [J]. 华东政法大学学报，2022，25（02）：6 - 19.

❷ 曲新久.《刑法修正案（十一）》若干要点的解析及评论 [J]. 上海政法学院学报（法治论丛），2021，36（05）：18 - 36.

罚。因此，本罪保护的法益不是英雄、烈士个人的名誉和荣誉，而是其背后承载的民族记忆和共同感情，以及以此为核心的社会主义核心价值观。这些并不是公民基本权利本身，而是为了维系基本权利存在的国家运行条件。[1] 这具有典型的集体法益属性。由此来看，以是否直接侵害基本权利为标准，可以区分为个人法益犯罪和集体法益犯罪的性质。这对刑法个罪的解释适用具有重要的指导意义。

三、基本权利的反向排除功能

当然，基本权利对于刑法解释的正向指引功能是有限的，其更多发挥的是反向的排除功能。正如张明楷教授所指出的，如何根据宪法规定与宪法原理，判断某个法益是否值得刑法保护是一个难题，但根据宪法规定与宪法原理对权利冲突进行权衡，进而判断哪些行为不具有实质的违法性或者具有阻却违法性的实质理由，则相对容易且具有说服力。[2] 在本书第二章所列举的刑事案例中，被告人和辩护律师经常以自身行为属于行使宪法权利为由来进行出罪的辩护。尽管法官出于种种因素，在多数情况下并未采纳这种出罪观点，但从理论上来看，这种出罪论证的路径无疑是有其合理性的。事实上，宪法基本权利对于进行法益衡量具有重要作用。合法行使宪法权利的行为不应当被认定为犯罪。同时，即使公民行使基本权利时手段和方式存在一定的瑕疵，也可以将之作为从轻情节加以应用。

---

[1]　高巍. 国家符号的刑法保护 [J]. 中国法学，2022（01）：182 – 202.
[2]　张明楷. 宪法与刑法的循环解释 [J]. 法学评论，2019，37（01）：11 – 27.

一方面，基本权利的反向排除功能体现在权利冲突衡量中。所谓权利冲突，是指数个基本权利主体的权利相互对立。❶ 在对刑法问题的处理过程中经常会涉及权利冲突的问题。对于权利冲突问题，存在诸多解决方案。本书并不主张为不同权利设置绝对的位阶，对所谓的高位阶权利进行优先保护，而更加倾向于在个案中结合具体情况对权利冲突问题进行协调解决。例如，公民享有言论自由，发表言论的行为属于基本权利的行使。但是，公民在行使言论自由时也应当注意权利行使的边界，在发表言论时不能损害他人的名誉权等基本权利。就言论是否影响个人名誉而言，言论对象是否具有特定性是主要判断标准之一。言论对象越能具体到特定个人，言论与个人的名誉相关性就越强；而对于言论自由的保障强度，言论的公共性则是核心影响因素，而公共性的言论又往往针对公权力主体。具体而言，言论对象与公权力的关系越紧密，对言论自由的保障强度就应当越大。申言之，对国家机关或不特定的国家工作人员的诽谤行为，对个人名誉的影响是有限的。此种言论往往涉及公共议题，因此对言论自由的保障应当更为优先。政府应以为人民服务为目的，此时，人民对政府提出意见、建议或批评本身就是理所当然的。因此，针对公权力行使者的批评应该受到较大程度的宽容。此外，即使言论自由等基本权利的行使存在一定不当之处，刑法也应当坚守保障法的地位，不能轻易介入其中，动用刑事手段来干涉公民的言论自由。在最高人民法院、最高人民检察院发布的关于诽谤罪的司法解释中，"点击、浏览超过五千次""转发超过五百次"被视为《刑

---

❶ 张翔. 刑法领域的基本权利冲突及其解决 [J]. 人民检察，2006 (12S)：15 - 17.

法》第 246 条第 1 款所规定的"情节严重"情形之一，❶ 这种解释方案在合宪性上有待反思。在当今这样一个信息时代，信息的传播速度突破了物理的限制，一条信息被点击、浏览五千次或转发五百次并不是一件特别困难的事。以并不高的限度要求作为刑罚发动的起点，可能会对公民言论自由造成不当的限制。❷

另一方面，基本权利可以对集体法益的适格性进行判断，进而起到对法益保护范围的反向排除。例如，随着现代社会生活的日趋复杂，国家管理职能也在不断扩张，为了维持社会运转机制的有效性，国家设置了种类繁多的法律规范来维持社会秩序。其中，有一些法律规范主要是为了方便行政管理而颁布的，这主要是为了国家管理便利的需要，而不是为了促进人类福利。此时，应当发挥基本权利的反向排除功能。具体而言，不服务于个人基本权利与自由实现而仅体现行政管理需要的秩序，就不是刑法上适格的保护法益。例如，对于侵害社会主义市场经济秩序的犯罪，我国《宪法》第 15 条第 1 款明确规定："国家实行社会主义市场经济。"经济刑法要保护在经济领域中实现个人自由的各种外部条件。❸ 换言之，经济秩序本身只是实现个人自由的一种手段，而不是目的本身。如果某种行为单纯损害了行政秩序，而没有对市场参与主体的自由造成损害，就不应当被认定为犯罪。生产、销售假药罪的认定中就存在类似问题。尽管随着《中华人

---

❶ 参见《最高人民法院　最高人民检察院关于办理利用信息网络实施诽谤等刑事案件适用法律若干问题的解释》（法释〔2013〕21 号）。

❷ 尹培培."诽谤信息转发 500 次入刑"的合宪性评析 [J]. 华东政法大学学报，2014（04）：154 –160.

❸ 马春晓. 中国经济刑法法益：认知、反思与建构 [J]. 政治与法律，2020（03）：38 –51.

民共和国药品管理法》的修正，关于该罪的一些疑难问题得到了很大程度的解决。但本书认为，该罪的诸多问题争议仍然值得进行回溯式的梳理，这对于在合宪性视域下明晰集体法益的内涵仍然是有意义的。生产、销售假药的行为破坏了国家药品管理的秩序，这是因为药品安全与人的生命权、健康权息息相关。但是，如果某种针对疾病的药品在事实上具有疗效，仅是行政法规将之拟制为"假药"，则行为人销售此类"假药"的行为就不应当构成销售假药罪。因为此时行为人的行为仅侵犯了相关药品的行政管理秩序，而并没有损害人的生命权、健康权等权利。这种情况下，应当从基本权利视角出发，对社会秩序等集体法益的保护范围进行反向的排除。

第三节　基本权利的刑法合宪性解释应用

宪法中很多基本权利规范会对相关刑法条文的解释适用产生影响。以下从人身权、财产权、平等权、言论自由等基本权利规范出发，来探析基本权利对刑法解释所能够发挥的指引与限制功能。

一、人身权的刑法合宪性解释应用

人身权是指与人身直接相关的权益，属于公民的基本权利之一。我国宪法规定了广泛的人身权利，包括公民的人格尊严不受侵犯、人身自由不受侵犯、住宅不受侵犯、通信自由和通信秘密不受侵犯等内容。这些规定对于进行刑法合宪性解释具有重要的指导意义。

（一）人格尊严不受侵犯

我国《宪法》明文规定，公民的人格尊严不受侵犯。人格尊严是指人应当得到人应有的待遇，而不能被当作实现其他目的的手段。人格尊严实质上是一切价值的来源，具有不可侵犯性。与人相比，动物的主要需求更多源于生理本能，如动物需要食物来饱腹，需要饮水来止渴。人作为"万物的灵长"，在满足口腹之欲的基础上，还有更高层次的需要。那就是人需要被作为人来对待，而不能被作为目的或工具，也就是所谓的人格尊严。这对于进行刑法的合宪性解释具有重要的指导作用。

第一，人格尊严权要求人必须被当作人来对待，而不能被当作商品或物件，这对于刑法的解释具有重要影响。例如，对于《刑法》中拐卖妇女、儿童罪的侵害法益，存在以下理论争议。①妇女、儿童的人身自由权说。在过往刑法中，学界通常认为该罪侵害的法益是妇女、儿童的人身自由权。这对于绝大多数的拐卖妇女、儿童案件的解释能够起到指导作用。以妇女、儿童的人身自由权作为该罪的保护法益，还存在以下问题。第一，正如前文所述，人身自由是以意志自由为前提的，即行为人以自己意识能够支配自己身体的自由。但是，对于婴幼儿等主体，其根本不具备独立意志，也就不存在所谓的意志自由。刑法将偷盗婴幼儿的行为列为拐卖儿童罪的情形，此种法益观对于这种情况就缺乏解释力。第二，在绝大多数情况下，拐卖妇女自然违背了其行动的自由意志。但不排除在某些特殊情况下，被拐卖妇女为了离开原有环境，是自愿被"拐卖"的。换言之，这种拐卖行为经过了被害人的同意。按照刑法中被害人承诺的一般法理，经由被害人承诺的行为可以阻却其违法性。照此来看，类似情形中行为人的"拐卖"行为也就不构成犯罪。但这种结论显然是难以为民众所接受的。②妇女、儿童的人格尊严说。为了解决上述理论困境，近年来逐渐有刑法学者提出该罪的保护法益并不是被拐卖妇女、儿童的人身自由权，而是妇女、儿童的人格尊严，具体而言就是其人身的不可出卖性。这属于公民的基本权利之一，应当由刑法加以保护。❶ 人格尊严的基本要义就是，无论一个人是何种性别或种族，无论其是贫穷还是富有，都应当具有被当作人看待的基本权利，而不能作为商品或物件被买卖或者交换。在我国现实社会中，物化妇女或儿童的封建糟粕思想仍然在一定地区有所留存。例如，为了避免"打光棍"而受到周围人的歧视，为了有一个孩子（特别是儿子）来延续家族血脉，就花钱买来一个媳妇或者孩子。在这种情况下，妇女和儿童实际上都被当作客体而非主体来看待。换言之，妇女和儿童成为某些人实现自身目的的手段，而不是目的本身。这就严重损害了个体的人格尊严。本书认为，在拐卖妇女、儿童罪中，妇女、儿童的人身自由当然值得保护，但这只是此类犯罪的附随法益，此类犯罪真正的保护法益是妇女、儿童的不可买卖性。这种观点较好地运用了宪法基本权利对刑法个罪法益进行了阐释。这种法益解读方案可以在以下几个方面发挥对本罪的解释功效。第一，对于解释"以出卖为目的"具有指导意义。所谓"以出卖为目的"，就显示了犯罪人并非将妇女、儿童当成主体而是当作商品或物件进行对待。因为只

---

❶ 劳东燕.买卖人口犯罪的保护法益与不法本质——基于对收买被拐卖妇女罪的立法论审视［J］.国家检察官学院学报，2022，30（04）：54-73.

有商品或物件才有可能被"买卖"。对于出卖亲生儿女的情况，应当根据当事人是否收取或计划收取费用来判断其是否具有"出卖"目的。如果被出卖儿童的父母只是因为家庭经济条件差而送养，并没有收取费用，或者只是收取少量的抚养费，这就说明其并没有将儿童当作商品来看待，也就不具有"出卖"的目的，不应当构成拐卖儿童罪。第二，对于解释"拐卖"行为具有重要作用。所谓拐卖，一般是指将被害人转移至自身或第三人的实力控制范围内的行为。行为人一旦以出卖为目的实施了此行为，就已经对该罪的保护法益造成了侵害，也就构成了犯罪的既遂，而并不需要再等待将妇女、儿童被卖出去以后才构成犯罪的既遂。第三，有助于解决特殊情况下的被害人承诺问题。由于该罪的保护法益是人格尊严，具体而言是指妇女、儿童的不可买卖性。那么，即使经由被害妇女、儿童的同意而实施的拐卖行为，由于此行为仍然是将具有主体性的人作为商品而进行买卖，贬损了人的主体性地位，仍旧能够构成拐卖妇女、儿童罪。换言之，即使经过了被害人的同意也不能阻却该罪的成立。

第二，人格尊严权要求人的贴身空间不容被侵犯，这也会对刑法相关罪名的解释产生影响。例如，在对《刑法》中盗窃罪"扒窃"概念进行解释时，人格尊严权就能发挥一定的影响。对于如何理解盗窃罪中"扒窃"，学界存在不同的观点。①公共场所贴身携带说。在过去，对于"扒窃"的通说观点是"在公共交通工具上或在车站、码头、商场等公共场所窃取他人随身携带财物的行为"。[1] 申言之，"扒窃"的核心要素有两个：一是盗窃

❶　黄太云. 刑法修正案解读全编：根据刑法修正案（八）全新阐释 [M]. 北京：人民法院出版社，2011：111.

行为必须是在公共场所实施的；二是犯罪人盗窃的财物是由被害人随身携带的。这符合人们对于"扒窃"行为的一种通俗认知。所谓的"公共场所"并不难理解。在生活中，我们一般所称的"扒手"就是常常在商场、车站或公共汽车上等人员密集且流动性大的场所，选取合适的被害人择机实施盗窃的人员。所谓"随身携带"的财物，包括很多种情形。例如，人们装在衣服、裤子口袋中的财物，装在皮包、行李箱中的财物，甚至是女性佩戴在身上的首饰。但上述对于"扒窃"的理解其实只是源于一种经验上的总结。至于为什么要将"公共场所"和"随身携带"作为"扒窃"认定的基本要素，似乎缺乏刑法理论上的深度思考。如果说盗窃罪保护的仅是财产法益，那么无论是脱离个人直接控制的财产，还是个人随身携带的财产，在财物属性上并没有任何差异。在公共场所实施盗窃和非公共场所实施盗窃，也并没有太大的区别。那么刑法为什么要将"扒窃"作为一种单独的盗窃罪行为类型在刑法中加以规定呢？公共场所贴身携带说实际上未能很好地回答这个问题。②贴身禁忌说。以车浩教授为代表的刑法学者则从一个全新的视角对"扒窃"概念进行了解读。这种观点主张，"扒窃"的核心要素在于其盗窃的财物处于被害人贴身空间之内。换言之，行为人是以一种违反"贴身禁忌"的方式来盗窃他人的财物。❶所谓的"贴身"携带和前种观点中的"随身"携带，虽然在汉语中具有相似的含义，但是在进行刑法的规范建构之后，两者却具备了不同的内涵。前种观点中的"随身"携带无法为"扒窃"提供准确的边界。例如，被害人衣服

---

❶ 周光权.刑法各论［M］.北京：中国人民大学出版社，2011：97.

口袋内携带的财物当然属于"随身"携带，但被害人放置在行李架上的行李箱是否属于"随身"携带呢？这就存在不同的解读空间。而"贴身"携带则赋予了"扒窃"以规范性的内涵。人的贴身空间属于自身控制的范围。尽管随着时代发展，人的贴身空间可能存在被压缩的情形。例如，在大城市的地铁站中，经常会出现极度拥挤的情况，但这并不意味着"贴身"空间被压缩为零。即便是在这种贴身空间被极限压缩的情况下，其范围仍是存在的。这种观点可以为"扒窃"划定明确的边界。例如，被害人放置在行李架上的行李箱就显然不属于"贴身"的财物。车浩教授指出，违反"贴身禁忌"的"扒窃"与单纯的盗窃行为相比，增加了侵害人身法益的属性，在不法程度上是有所提高的。❶ 这也是刑法在盗窃罪中单独规定"扒窃"这一行为类型的意义所在。应当如何看待上述解释争议呢？本书认为，从合宪性解释角度来看，"贴身禁忌"的解读更加符合宪法规范的要求。我国《宪法》第 38 条规定："中华人民共和国公民的人格尊严不受侵犯，禁止用任何方法对公民进行侮辱、诽谤和诬告陷害。"人格尊严是指将人作为人来看待，尊重人为人所具有的主体性。扒窃条款的主要保护法益当然是财产权，但是次要法益则包含人身权，特别是人格尊严的保护。个人的贴身空间不容许被随意侵犯，正是个人尊严的内容之一。个体的尊严意味着个人作为社会主体，在参与社会生活时，具有保持自身贴身空间不受侵犯的基本权利。即使是握手、拥抱等接触，也都有其固定的程式限定，

---

❶ 车浩."扒窃"入刑：贴身禁忌与行为人刑法 [J]. 中国法学，2013（01）：114－130.

只有经过当事人允许后，作为朋友或者恋人才有可能会突破这种贴身禁忌的限制。❶ 这种限制不仅是为了保障个人的身体安全，更是为了维护个人的人格尊严。"扒窃"侵犯了公民的"贴身禁忌"，这种解释方案将宪法人格尊严的内涵灌注到了刑法中，实现刑法与宪法的合理连接，能够使刑法解释更加符合宪法规范的要求。

第三，人格尊严权的主体是人，并不包括其他主体，当然更不包括客体，这对于进行刑法解释也具有指导意义。例如，《刑法》中对于自然人规定了侮辱罪和诽谤罪。那么，这两个罪名之间有何区别呢？其实，侮辱罪是指采用暴力或其他方式，破坏他人名誉的行为。而诽谤罪则是指捏造并散布虚假事实，足以贬损他人名誉的行为。同样是对他人名誉进行价值上的贬损，诽谤所表达的内容必须是能使他人信以为真的虚假事实。例如，称某女性为"狐狸精"，就不是一种诽谤行为，因为不可能有人相信别人真的是"狐狸精"。这是一种典型的贬损他人名誉的侮辱行为，带有明显的侵犯人格尊严的意味。与上述罪名形成对应的就是《刑法》中规定的损害商业信誉、商品声誉罪，规制的是"捏造并散布虚伪事实，损害他人的商业信誉、商品声誉……的行为"。那么，应当如何解释这里的"捏造并散布虚伪事实"呢？显然，这与前述诽谤罪具有相似的特征，即捏造、散布的必须是能够使他人信以为真的虚假事实。换言之，此行为并不包括对商业信誉、商品声誉的"单纯价值贬损"行为。因为商业信

---

❶ 车浩."扒窃"入刑：贴身禁忌与行为人刑法［J］.中国法学，2013（01）：114－130.

誉的主体是商事主体（主要包括公司、企业等），这些只是法律拟制的法人主体，并不是真正的人，不享有人格尊严权。至于商品，更是一种纯粹的客体，当然也不具备主体地位，自然也不享有人格尊严权。因此，对商事主体的商业信誉、商品声誉进行的单纯贬损行为，不受到刑法的规制。而在司法实践中，如果没有认识到这一点，可能会发生解释适用上的错误。例如，在著名的"鸿茅药酒案"中，当事人谭某东在网站上发布了题为《中国神酒"鸿茅药酒"，来自天堂的毒药》的文章，被警方认为构成"损害商品声誉罪"而跨省抓捕。此案引起媒体和民众的广泛关注。大家的关注点主要在于本案的当事人被警方跨省抓捕，因为有观点认为警方有为维护地方企业利益而滥用公权力的嫌疑。其实，本案的核心问题不在于跨省抓捕，因为跨省抓捕行为并不违反法律的相关规定。本案真正值得讨论的是当事人行为的定性问题。按照前述分析，损害商品声誉罪的对象是商品，商品本身不是主体只是客体，不享有人格尊严权。对客体的价值进行单纯贬损的行为尽管也有一定危害，但是并不是该罪所规制的行为。在该案中，当事人称"鸿茅药酒"是来自天堂的毒药。"天堂"一词，显然不是能够使他人信以为真的虚假事实。也就是说，当事人实施的是一种单纯的价值贬损行为，并不属于该罪的规制范围。

（二）人身自由不受侵犯

人身自由权是一项重要的人身权利。西谚有云："生命诚可贵，爱情价更高。若为自由故，二者皆可抛。"这凸显了人身自由对个体的重要性。人类不同于鸟儿，无法自由地在天空中翱翔，但人类拥有人身自由权，可以在法律允许的范围内任意支配自己的行动。宪法关于人身自由不受侵犯的规定对于进行刑法解释具有重要的指导意义。

人身自由权的核心问题是其内涵应当如何界定。对此问题，存在可能的自由说与现实的自由说之争。● 前者认为，人身自由是个人想要行动的自由；后者认为，人身自由是个人现实能够行动的自由。应当认为，人身自由包括意识自由和行动自由。其中，意识自由是行动自由的前提，也就是说，需要行为人意识到自己的自由处于受限制的状态。例如，行为人处于熟睡状态，然后被他人反锁在屋子，在其睡醒之前打开了门锁。此时就不能认定行为人被限制了人身自由，也就不构成非法拘禁罪。当然，正如前文所强调的，宪法权利的行使也不是漫无边际的，权利的行使范围受到法律的限制。法律规定公安部门等办案机关有权依法对当事人实施拘留、逮捕等限制人身自由的强制措施，这当然没有违反宪法对人身自由权的保护规定。但值得注意的是，如果办案机关发现对当事人错误适用了限制人身自由的强制措施，应立即予以解除。司法实践中存在的超期羁押行为，违反了宪法对于人身自由权的相关规定，是应当予以纠正的。

人身自由权的另一个问题是对其法益位阶的思考。在刑法的法益衡量中，一般按照生命、身体、财产等法益形成阶梯递减式的位阶关系，即生命法益高于身体法益，身体法益高于财产法益。这在正当防卫的法益衡量适用中具有重要的应用。通说认为，防卫人保护的法益与不法侵害人造成的损害应当基本相适

● 闫永安，王志祥. 非法拘禁罪若干问题研究 [J]. 河北法学，2006 (11)：129 - 132.

应。这种观点有其合理性，但在这种观点的影响下，司法实践中也出现了一种对法益衡量进行僵化判断的做法。例如，行为人被非法拘禁后，由于在法益衡量中身体法益是小于生命法益的，行为人就不能以损害犯罪人生命为代价来进行正当防卫。但这种观点实际上是失之偏颇的。在"于欢辱母案"中，当事人于欢及其母亲被讨债人非法限制人身自由，同时讨债人在于欢面前采用极端手段对其母亲实施侮辱，最终，于欢手持水果刀将其中一人刺死，多人刺伤。在该案中，其实很难将防卫人于欢及其母亲的人身自由和人格尊严同被防卫人的生命健康权进行绝对的衡量。因为，人身自由和人格尊严也是重要的基本权利，限制人身自由并对其母亲实施极端侮辱行为，这是一种严重侵害他人人身自由和人格尊严的行为。因此，将人身自由等基本权利进行绝对的法益位阶化实际上也是不够恰当的。假定在某些案件中，行为人被非法拘禁一年甚至数年时间，其间过着暗无天日的生活，甚至需要被迫进行劳动或者性服务，行为人为冲破禁锢，实施了损害不法侵害者生命健康权的防卫行为。在这种情况下，还僵化地坚守法益的位阶性，以身体自由法益小于生命健康法益为由，认定防卫人属于防卫过当，这无疑是对防卫人的要求过于严苛。实际上，所谓的法益位阶序列只是一个大体的顺序排列，在某些特殊情况下，可以允许突破这种法益位阶的序列安排。

（三）住宅不受侵犯

我国《宪法》规定，公民的住宅不受侵犯。住宅是一个人实现个人自治的重要空间，住宅不受侵犯是一项重要的基本权利。这对于指导刑法中的涉"户"犯罪的解释具有指导意义。刑法中规定了不少涉"户"的犯罪，例如，《刑法》第 263 条将

"入户抢劫"规定为抢劫罪的加重情节。何为刑法意义上的"户"？这是一个值得思考的问题。在刑事司法解释中，如何定义刑法中的"户"，在不同阶段存在不同的规定。面对这种解释争议，可以引入宪法中住宅不受侵犯的条款进行合宪性的制约。

刑法中"户"应当是供个人生活还是供家庭生活？这在刑法解释中存在理论争议。2000年施行的《最高人民法院关于审理抢劫案件具体应用法律若干问题的解释》（以下简称为《抢劫案件解释》）第1条第1款规定："'入户抢劫'是指为实施抢劫行为而进入他人生活的与外界相对隔离的住所，包括封闭的院落、牧民的帐篷、渔民作为家庭生活场所的渔船、为生活租用的房屋等进行抢劫的行为。"在这里可以明显看出，最高院强调刑法中的"户"主要具备两个特征：一是供个人生活；二是与外界相对隔离。2005年施行的《最高人民法院关于审理抢劫、抢夺刑事案件适用法律若干问题的意见》（以下简称为《抢劫、抢夺案件意见》）规定："'户'在这里是指住所，其特征表现为供他人家庭生活和与外界相对隔离两个方面，前者为功能特征，后者为场所特征。"对比这两个司法解释就会发现，在对"户"概念的界定中，都要求"户"应当与外界相对隔离，这是"户"之所以为"户"的应有之义，对此问题不存在太大的争议。争议比较大的是"户"的功能特征，即"户"到底是供个人生活还是供家庭生活。如果按照前种解释，即使是单人居住的住所，只要是供个人生活而居住，而非供商业营业等功能，都应当算作刑法中的"户"。而如果按照后种解释，只有供家庭生活的住所才能算作刑法中的"户"，而个人居住的住所，或者非家庭成员的多人合租场所，都不能算作刑法中的"户"。在司法实践中，

已经出现了类似的案例，将进入多人合租房屋抢劫的行为排除在入"户"抢劫的范围之外。❶

　　本书认为，应当从"供个人生活"角度来理解刑法中"户"的概念。面对刑法上"户"的两种不同解释，解释者应当以宪法基本权利为判断标准，从而实现宪法基本权利对刑法个罪保护方向的指引作用。在我国宪法中，住宅和家庭都是应当保护的，但这两者之间并不具有必然的联系。一方面，我国《宪法》第39条规定，"中华人民共和国公民的住宅不受侵犯，禁止非法搜查或者非法侵入公民的住宅。"由此来看，住宅自由作为一种基本权利，其主体是公民而非家庭。另一方面，我国《宪法》第49条规定"……家庭……受国家的保护"，实际上是对该共同体内成员之间权利义务关系的保护，❷并非对住宅自由的保护。申言之，住宅自由保护的是个人生活的安宁，而家庭保护的是亲属共同体的关系。虽然按照中国社会传统习惯，住宅里一般居住的是家庭共同成员，但是非家庭共同成员的住宅安宁也应当得到同等保护。实际上，随着我国社会生活的发展，大城市中个人或非家庭成员合租房屋已经成为一种常态，在这种情况下，就更不能忽视对此的保护。因此，从宪法保护住宅自由的条款来看，《抢劫、抢夺案件意见》中对"户"所做的解释显然是不恰当的。《抢劫、抢夺案件意见》将"户"界定为供他人家庭生活的场所，不当地缩小了住宅自由的范围。宪法之所以对住宅进行特殊

---

❶ 最高人民法院中国应用法学研究所编. 人民法院案例选2006年第2辑（总第56辑）[M]. 北京：人民法院出版社，2006：64.

❷ 姚国建. 宪法是如何介入家庭的？——判例法视角下的美国宪法对家庭法的影响及其争拗 [J]. 比较法研究，2011（06）：1-14.

保护，是有其深意的。住宅是一个人实现个人自治的重要空间。无论是高楼大厦，还是穷巷陋室，一个人结束一天劳作以后，这都是其自我寻求放松、感觉最为安全的存在空间。如果一个人待在自己住所内的安宁都无法得到保障，这无疑突破了现代法治社会所无法容忍的底线。因此，宪法需要格外地保护公民的住宅自由。通过不法进入住宅的方式实施犯罪行为，其不法性质是更为严重的。这也是刑法将入"户"抢劫设置为抢劫罪加重情节的意义所在。实际上，即使在 2005 年《抢劫、抢夺案件意见》颁布后，在一些司法案件中，法官并没有严格依照其中对"户"的解释作出裁判，而是从"供个人生活"的角度来解释入"户"抢劫。这实际上是法官在刑事司法实践中对合宪性解释方法的自觉应用，客观上有利于实现基本权利对刑法解释的合宪性调控。

二、财产权的刑法合宪性解释应用

我国《宪法》第 13 条前两款规定，"公民的合法的私有财产不受侵犯。国家依照法律规定保护公民的私有财产权和继承权"。财产权作为一项基本的公民权利，对于刑法中财产犯罪的解释具有指导作用。

（一）财产犯罪的保护法益是否包括"占有"

在刑法理论中，对于财产罪的保护法益存在着本权说和占有说的争议。本权说认为财产犯罪保护法益是所有权及其他本权；占有说则认为财产犯罪的保护法益是财物的占有本身。[1] 随着社

---

[1] 车浩. 占有不是财产犯罪的法益 [J]. 法律科学（西北政法大学学报），2015，33（03）：122 - 132.

会的发展，刑法学界普遍主张刑法中的财产犯罪不仅保护财产所有权，还保护其合法占有。但应当注意的是，平稳的占有虽然可以对抗一般人，却不能对抗财物的所有人。这是宪法保护公民私有财产权的应有之义。

案例5-1：刘某江抢夺案

被告人刘某江于2009年2月13日驾驶夏利牌轿车非法载客运营时，被北京市交警执法大队查处。稽查人员将车辆扣押后，移交给保管单位工作人员董某某，由其将车辆送至停车场。在此过程中，被告人刘某江在步行时发现董某某驾驶其被扣车辆，其上前将车拦截，强行将董某某拽下车，然后将车开回家中。董某某报警后，刘某江被抓获。经鉴定，此车辆价值人民币24 300元。本案一审法院认定，被告人构成妨害公务罪，判处被告人有期徒刑7个月。但是，检察机关提出抗诉，认为本案中被告人应当构成抢夺罪。二审法院经过审理后维持一审判决。

本案中的类似情况在司法实践中具有一定的代表性，即财产所有人的财物被他人或有关机关合法占有，但是行为人实施了所谓的"盗窃、抢夺或抢劫"行为，将财物转为自己占有。此时是否构成相应财产犯罪？对此问题，学界大多将核心争议点集中在财产犯罪的保护法益上。主张本权说的学者认为，财产所有人不可能成为自身所有财物的犯罪主体，因此，可以排除相关财产犯罪的认定。而主张占有说的学者则认为，合法的占有应当受到法律保护。即使是财物的所有人，也应当遵循这种合法占有形成的法秩序，因此，行为人实施的侵夺占有的行为可以构成相关财产犯罪。本书认为，上述争论各具其理，但也存在一些似是而非之处。

一方面，类似案件中财产犯罪的成立与否，跟财产犯罪的保护法益争论并不一定存在必然的关联。支持本权说和占有说的学者似乎将所有的争论都聚焦在财产犯罪是否保护占有这一根本问题上。其实，无论财产犯罪是否保护占有，从宪法对公民私有财产权的保护来看，财产所有权人的权利在刑法中都应得到维护。正如前文所述，即使将占有纳入财产犯罪的保护范畴，但这种合法占有只能对抗一般人，却不能对抗财物的所有权人。因此，在类似案件中，财物所有权人将他人合法占有的财物取回的行为，不会侵害财产犯罪的法益。另一方面，法益对于构成要件的解释起到的是指导作用，司法工作人员不能抛开构成要件，直接依靠法益来进行犯罪认定。因此，类似案件的犯罪认定仍然需要依靠对个罪构成要件的解释来完成。本书认为，要想正确处理类似案件，应当对"非法占有目的"这一主观构成要件要素进行合宪性的解释。所谓"非法占有目的"，是指作为非所有权人，却想僭居所有人的地位而使用财物。公民私有财产权受到宪法的保护，在类似案件中，财产所有权人取回财物的行为即使在手段上并不完全合乎法律，却不可能具有"非法占有"的目的，因此也不可能构成相应的财产犯罪。

（二）"财物"的范围

《刑法》第五章规定了侵犯财产犯罪，但法条规定的行为对象是"财物"。这就产生了一个争议，"财物"除了包括有形财物，是否还包括财产性利益。对此用语的解释，我们不能简单依照外国刑法中的既有理论。因为在德国、日本刑法中，分别规定了对财物与财产性利益的保护。因此，必须结合我国刑法的具体规定对"财物"的概念进行解释。

　　宪法中对财产权保护的相关规定对刑法解释具有指导作用。我国《宪法》对财产权的规定在不同时期存在差异。1999 年《宪法》第 13 条第 1 款规定"国家保护公民的合法的收入、储蓄、房屋和其他合法财产的所有权"。在 2004 年，此条款被修改为"公民的合法的私有财产不受侵犯"。学界将此次立法的修改称为"财产权入宪"。显然，宪法对财产权保护的修改不是随意为之的，而是为了合理应对社会的发展变迁。在过去，物权和债权的区分是十分明确的，宪法对财产权的保护主要集中在对物权中所有权的保护。但是，随着社会的发展，物权和债权的边界开始变得模糊，甚至出现了所谓的"物权债权化"和"债权物权化"情形。❶ 在这种情况下，仍然僵化地坚持单一保护所有权的做法就不再适应经济社会的发展需求。因此，宪法对相关条款进行了修改，对公民的私有财产进行了更加全面、周延的保护。刑法解释受到宪法的制约，在解释刑法财产犯罪中的"财物"概念时，也应当注意到宪法对于财产权保护的变化。换言之，刑法也应当对公民财产进行更加全面的保护。财产性利益，特别是债权，无疑属于财产权的一部分，侵犯了私有财产的流通自由也就侵犯了财产权。因此，将财产性利益（如债权）解释为"财物"的解释方案更加符合宪法的规定，应当作为解释结论加以采纳，这是实现刑法合宪性解释的必然要求。

　　案例 5 - 2：苟某某等抢劫案❷

　　2009 年 8 月 25 日晚，被害人冀某某持被告人苟某某所写，

---

❶　马俊驹，梅夏英. 财产权制度的历史评析和现实思考 [J]. 中国社会科学，1999 (01)：95 - 96.

❷　杜新珍. 暴力抢走债权人借条并销毁的行为认定 [J]. 人民司法，2012 (02)：44 - 46.

载明借款 21 500 元并已至还款期限的借条，到茆某某家中讨要借款，双方发生争吵、纠缠，茆某某指挥其妻女徐某某和茆某晶将冀某某按倒在地，从其衣服口袋中掏出借条并烧毁。

在本案中，行为人抢劫"借条"的行为是否构成抢劫罪呢？这就涉及对抢劫罪"抢劫公私财物"中"财物"的解释问题。对此问题，学界存在较大的争议。一种观点认为，刑法中的财物仅指有形物。而另一种观点认为，财产性利益（包括债权）也应当属于财产罪的保护对象。❶ 一般认为，不法取得财产性利益的方式有以下三种：一是让对方负担债务。例如，强迫他人承担不存在的债务。二是让对方免除自身债务，比如上述案件中的情形。再如，行为人使用假的军车牌，骗免过路费。三是转移债权，例如，行为人通过技术手段将别人在网上银行账户中的资金转入自己的账户，这里所指的并非资金的所有权，而是行为人对银行所享有的债权。具体到本案中，借条是用于证明债权人与债务人之间存在借贷关系的书面凭证，债权人在借款到期时可以依据借条使得债权得以清偿。在缺少其他证明的情况下，借条对于债权人来说就是唯一的债权凭证。一旦灭失，并不能像银行存折一样得到补正，此时债务人可以理所当然地拒绝还款，债权人也就无法通过合法手段来实现自身债权。在此意义上，行为人撕毁借条的行为实际上是以暴力手段劫取财产性利益的行为。依据宪法对财产权的保护规定，应当拓宽刑法中"财物"的范围，将财产性利益也纳入其中。因此，可以将上述案件中的行为认定为

---

❶ 张军. 刑法［分则］及配套规定新释新解（下）［M］. 北京：人民法院出版社，2009：996.

抢劫罪。

（三）财产权对"没收财产"的限制

我国刑法中规定了没收财产制度。广义的没收财产包括一般没收和特别没收。一般没收是指没收犯罪人的全部或部分财产。特别没收是指没收犯罪的关联物。有学者以宪法保护财产权为由对没收财产的立法合宪性提出了质疑。但是，正如前文一再强调的，并不存在绝对无限制的权利。同宪法中的征收等制度一样，刑罚本身就是对权利的合法限制或剥夺。因此，并不能以宪法保护财产权为由来否定没收财产的合宪性。问题的重心还在于如何在司法实践通过解释的方式来准确适用没收财产，进而保障刑法的合宪性。

在一般没收的解释适用中，主要存在以下争议问题。对于没收财产中的"财产"，应当将之界定为犯罪人的合法财产。因为犯罪人因犯罪而获得的非法财产，实际上属于《刑法》第 64 条规定的特别没收的范畴。在司法实践中，比较复杂的一个问题是如何确定犯罪的财产范围。应当说，调查犯罪人的财产范围是一项烦琐复杂的工作，完全由人民法院来承担此项任务显然超出了法院的能力，在实践操作上并不现实。因此，可以在侦查阶段由公安机关对可能适用没收财产刑的犯罪人的基本财产情况进行调查并制作清单，然后交由人民法院予以执行。在没收犯罪人的全部财产时，对犯罪人个人和需要其扶养的家属，应当保留必要的生活费。这主要是出于刑法人道主义的考量。法不强人所难，犯罪人因其实施了犯罪，所以承受财产上的惩罚，这当然是合理的。但是，法律也不能放任犯罪人和其需要扶养的家属因为身无分文而流落街头。这不仅是不人道的，也可能会给社会增加不必要的矛盾。在适用没收财产刑罚时还有一个值得注意的问题，即为了保护他人合法财产不受侵害，应当严格区分犯罪人的财产与其家属所有的财产。对于夫妻的共同财产，应当进行析产分割，避免在适用刑罚时不当侵犯其他财产所有人的合法财产权。同时，在适用没收财产时，也可以建立案外人异议制度，财产所有人可以在一定期间内提出异议，由人民法院根据财产的归属情况依法进行裁判，以充分保障犯罪人家属等人的合法的财产权利。

在特别没收的解释适用中，也应当注意财产权的限制作用。特别没收一般是指没收犯罪的关联物。我国《刑法》第 64 条规定了特别没收制度，要求没收违法所得、违禁品和供犯罪所用的本人财物。这里的"供犯罪所用的本人财物"就存在一定的解释争议。在司法实践中，司法机关经常会扩大"供犯罪所用"的范围，将犯罪人在实施犯罪活动时所使用的交通工具、通信工具等都纳入其中。试想，刑法之所以规定特殊没收制度，就是通过剥夺犯罪人的财产权实现犯罪预防的目的，不当扩大"供犯罪所用"的范围，根本无助于实现犯罪预防的目的，同时也有违宪法财产权的基本要求。试想，如果把供犯罪人日常出行的交通工具，穿的衣服、鞋袜，不加区分地全都算作"供犯罪所用"的财物，就很有可能不当侵犯犯罪人的财产权。因此，从合宪性解释的角度出发，应当对此处的文义范围进行一定的限缩。具体而言，符合直接性和通常性要件的财物才属于"供犯罪所用"的范畴。所谓直接性，是指财物直接服务于犯罪实现，诸如犯罪人所穿的衣物，就并非直接服务于犯罪实现，也就不能纳入特别没收的范围。所谓通常性，是指财物通常情况下是用于实现犯罪的。在一些案件中，犯罪人驾驶的交通工具只是为了供个人通行所用，平时并不用于犯罪。只是在犯罪过程中，恰巧使用了该交通工具，此时就不符合通常性要件的要求。通过上述标准的适用，可以有效限定"供犯罪所用"的范围，进而避免对犯罪人的财产权造成过度干涉。

三、平等权的刑法合宪性解释应用

我国《宪法》第33条第2款规定，"中华人民共和国公民在法律面前一律平等"。平等权既是一种基本权利，也被视为一项宪法原则。在刑法的解释适用中，当有关内容涉及平等权的解释争议时，应当排除不符合平等权的解释可能，保留符合平等权的解释可能作为最终的解释结论。平等权包括形式平等和实质平等两个要求。所谓的形式平等，要求无论在身份、地位上有何区别，每个人都应当受到法律的同等对待；而所谓的实质平等，则要求根据不同主体具体情况的不同，进行"合理的区别对待"，从而获得实质结果上的平等。

（一）形式平等对刑法解释的限制

平等权具有丰富的内涵，其在最初意义上是指形式上的平等。形式上的平等要求的是人在法律上得到同等的对待。众所周知，如果具体到每个个体，人与人之间肯定是存在一定差别的。从先天上来讲，不同人之间在相貌、身高、智力等诸多方面都存在差异。从后天上来讲，不同人在家庭情况、发展际遇等方面也存在差别。但法律意义上的平等是指在剥离了这些具体个性，保留人作为人的根本属性上的平等。换言之，只要是法律上的个人，在法律面前都是平等的，都应当受到法律的同等对待。具体到刑法意义上，不同人无论在身份、地位上有何差异，在定罪量刑时都应当被置于同等位置。这就是所谓形式意义上的平等。形式上的平等要求对进行刑法合宪性解释具有重要的意义。

第一，形式平等要求定罪上的平等对待。具体而言，在认定犯罪时，只能根据犯罪行为本身来进行定罪，而不能因为犯罪人身份、财富等条件的不同而采取差别对待。在我国古代封建社会，有所谓的"刑不上大夫"之说。也就是说，对于大夫以上的特权阶层，可以享受定罪上的特殊待遇。这些人犯罪了，不能依据普通律法进行认定，必须奏请皇帝进行个别裁决。这显然是封建社会下一种典型的不平等定罪情形。在现代社会，刑法已经取消了上述明显的不平等规定，但还存在一些不明显的不平等条款。对于此类条款，可以采用合宪性解释的方法，使得解释结论符合宪法平等权要求。例如，我国《刑法》第 306 条规定了辩护人、诉讼代理人妨害作证罪，第 307 条规定了妨害作证罪，这是一组具有高度相似性的罪名。单纯根据刑法文义的规定，同样是妨害作证的行为，律师等辩护人与其他人在入罪门槛儿上是有所区别的。对于辩护人、诉讼代理人，《刑法》第 306 条要求具备"威胁、引诱"的要件，而对于辩护人、诉讼代理人之外的其他人，《刑法》第 307 条规定的构成要件是"以暴力、威胁、贿买等方式"。不难发现，对于辩护人、诉讼代理人实施的妨害作证行为，刑法设置了更低的入罪门槛。所谓"引诱"，在汉语中具有十分宽泛的内涵。采用金钱等方式可以进行"引诱"，而单纯地使用语言激励，也可以实施所谓的"引诱"行为。例如，律师对被告人表示，"在这件事情上你应当讲义气……，应当如何如何做"。如果按照"引诱"的字面含义，这当然算作引诱的内容。由此来看，如果采取文义解释的方案，就会造成辩护人、诉讼代理人更容易入罪，这显然不符合宪法上的平等权要求。因此，应当采用限缩解释的方案，使得解释结论更加符合宪法要求。具体而言，就是对辩护人、诉讼代理人妨害作证罪中的"引诱"进行限制解释，要求必须是以"贿买"的方式实施的引诱行为。只有这样，才能实现《刑法》第306条与第307条两项罪名之间的平衡。又如，关于交通肇事罪的解释，2000年施行的《最高人民法院关于审理交通肇事刑事案件具体应用法律若干问题的解释》中将该罪的"公私财产遭受重大损失"解释为"造成公共财产或他人财产直接损失，负事故全部或主要责任，无能力赔偿数额在30万以上的"。又将前述情况下"无能力赔偿数额在60万以上的"作为该罪法定性升格要件"其他恶劣情节"之一。该司法解释为交通肇事罪的裁判提供了具体的依据，有助于指导司法工作人员统一裁判。但是，上述解释在宪法平等权上存在一定的质疑之处。众所周知，无论一个人的财富地位如何，在刑法面前都应当受到平等对待，这就要求在定罪量刑时应当采用统一的标准。如果将"无能力赔偿"的数额作为犯罪结果要件，就相当于直接将犯罪认定与被告人的财富状况挂钩。换言之，一个富人可以通过积极赔偿而出罪，而一个穷人却可能因为无力赔偿而入罪。这显然违反了宪法平等权的基本要求。此外，将行为人事后的表现作为影响定罪的情节也有违刑法理论的基本原理。在适用刑法时，对定罪发挥影响的主要是行为的法益侵害性，同时也包括行为人的可谴责性，这些内容的判断时间都是在犯罪行为发生时。犯罪行为发生之后的情节并不影响定罪。例如，当行为人实施盗窃行为之后，即使将财物返还，也不影响盗窃罪的成立。对于交通肇事罪的认定也应当如此。诚然，交通肇事发生之后，行为人进行积极赔偿当然会对最终的财产损失结果产生影响，但是这些内容并不应当对定罪本身发生影响。综上所述，不应当将"无能力赔偿"的数额作为该罪中"公私财产遭受重大损失"以及"其他恶劣情节"的认定标准，而应当将交通事故发生时所造成的财产损害作为上述结果或情节的认定标准，这样的解释方案有助于实现宪法上人人平等的要求。❶

第二，形式平等要求量刑上的平等对待。在对犯罪人进行量刑时，要采取统一的标准。如果同一犯罪事实，在甲法院被判处此种刑罚，在乙法院被判处另一种刑罚，显然就会违背量刑时的平等要求。实际上，我国司法机关已经意识到上述情况，并在统一量刑上采取了一系列的举措，取得了良好的效果。但不得不指出的是，量刑不平等情况在司法实践中仍屡有发生。例如，在李某才运输毒品案中，被告人李某才运输海洛因 320 克，因犯运输毒品罪被判处死刑。而在唐某珍运输毒品案中，被告人唐某珍运输海洛因 420 克，因犯运输毒品罪，一审、二审都被判处死刑。但最高人民法院经过复核认为，根据本案具体情况，对被告人应判处死刑缓期二年执行。❷ 在上述两个案件中，两被告人所犯罪名相同，从情节来看，前者还更轻一些，但判处的刑罚却较重，这显然违背了形式平等的基本要求。2007 年最高人民法院收回了死刑的复核权，这正是为了统一死刑的适用标准，避免出现死刑适用上的不平等。在量刑上进行平等对待是非常重要的。对于普通民众来讲，量刑的种类和幅度是对犯罪后果的直接反映，重

❶ 于改之，吕小红. 刑法解释中平等原则的适用 [J]. 比较法研究，2017（05）：87-102.
❷ 陈兴良. 判例刑法学 [M]. 北京：中国人民大学出版社，2012：166-170.

罪重判、轻罪轻判不仅是刑法罪刑相适应原则的要求，也是民众朴素正义观的追求。如果同一犯罪行为被判处显著不同的刑罚，必然会对司法的公信力产生严重的侵蚀。

第三，形式平等要求刑事强制措施适用上的平等。例如，科技人员从事的科研活动事关科技创新和国家利益，国家应当依法保障科技人员的科研自由，并在资金、政策等诸多方面给予科研人员优待，这当然是合理的。但在刑法适用上，科研人员并不具有任何的特殊性，理应和其他人一样平等地适用刑法。近年来，随着国家对科技重视程度的加强，在一些刑事司法解释中，出现了对科研工作倾斜保护的动向，这可能有违宪法平等权的规定。例如，在2016年最高人民检察院发布的《关于充分发挥检察职能依法保障和促进科技创新的意见》中，提出对于重点科研单位或重大项目关键岗位的涉案科研人员，尽量不适用拘留、逮捕等强制措施。对于涉及科研的设备、资金，一般不予查封、扣押、冻结。科技人员所从事的科研工作具有其特殊性，对于提高国家综合国力和竞争力发挥了重要的作用，但这并不是其在刑法上得到"优待"的理由。只要违反了刑事法律，理应接受同样的处置。如果说犯罪人因为具有科技人员身份，就可以不适用拘留、逮捕，这显然并不合乎宪法上平等权的规定，同时也有悖民众的朴素法感情。因此，上述司法解释在合宪性上存在一定的疑问。

（二）实质平等（合理差别对待）对刑法解释的限制

不同主体的具体情况千差万别，如果仅仅遵循形式上的平等，那么对于一些弱者显然无法获得结果上的平等。随着社会的发展，现代意义上的宪法不仅追求形式上的平等，还要实现实质上的平等。实质平等的核心是"合理的区别对待"，即根据不同主体的属性，分别采取不同的方式，进而实现法律上的结果平等。

实质平等所承认的合理差别类型有很多，例如年龄、性别等内容。具体到刑法中，以下合理差别会对刑法解释产生影响。

第一，年龄上的合理差别对刑法解释具有影响。我国刑法规定中对上述要求有所体现。例如，我国《刑法》上刑事责任能力的划分主要就是根据年龄的不同。《刑法》还规定 75 周岁以上的老人犯罪的，可以从轻、减轻处罚。在刑法解释适用中，也应充分考量行为人年龄的不同，进而进行合理的区别对待。例如，《刑法》第 13 条中规定了但书条款，即"情节显著轻微危害不大的，不认为是犯罪"。根据 2006 年施行的《最高人民法院关于审理未成年人刑事案件具体应用法律若干问题的解释》中的相关规定，可以将已满十六周岁不满十八周岁的未成年人实施的符合某些特定情形的盗窃行为纳入"情节显著轻微危害不大"范围，从而排除犯罪认定。未成年人正处于成长阶段，其心理、身体发育尚未完全成熟，还有较强的可塑性。同时，引发未成年人实施盗窃犯罪也有家庭教育和社会关怀不足等复杂的因素。因此，在罪刑法定原则允许的范围内，可以结合刑法但书规定，对未成年人实施的盗窃犯罪进行出罪化的限缩解释，进而实现对未成年的特殊保护。这种刑法解释结论符合合宪性解释的要求。

第二，性别等生理特征形成的合理差别对刑法解释具有影响。我国刑法规定中对此也有所体现。例如，刑法对于妇女、儿童会进行倾斜性的特别保护。我国《刑法》规定不满 14 周岁的女性不具备性同意能力，这有助于实现对幼女性权利的保护。此外，《刑法》还规定对于又聋又哑的人或者盲人犯罪的，可以从轻、减轻或者免除处罚。在进行刑法解释适用时，应当注意性别等生理特征形成的合理差别。例如，《刑法》第49条规定，对于"审判的时候怀孕的妇女，不适用死刑"。那么，应当如何理解这里的"怀孕的妇女"？这在文义上具有多种解释可能。在1998年施行的《最高人民法院关于对怀孕妇女在羁押期间自然流产审判时是否可以适用死刑问题的批复》中，将在羁押期间自然流产的妇女也认定为本条中的"怀孕的妇女"，进而排除死刑的适用。从表面上来看，这种解释明显扩大了"怀孕的妇女"的范围。因为，羁押期间并不属于审判期间。这是否违反了宪法上的平等要求呢？显然并非如此。如前所述，宪法上的平等不仅要求形式上的平等，更追求实质上的平等。怀孕的妇女在生理上具有特殊性，即怀孕妇女的人身不光承载了个人意义，也是腹中胎儿生存所必需的条件，因此，怀孕的妇女应当得到"合理的区别对待"。由此来看，扩大怀孕妇女的保护范围有利于实现对怀孕妇女的特殊保护。在司法实践中，不排除存在司法人员在"审判"之前恶意以非法手段促使妇女流产的情况，以实现对被告人的死刑适用。这显然会对怀孕妇女本人和腹中胎儿造成严重损害。因此，司法解释扩大"怀孕的妇女"范围的做法充分践行了宪法上实质平等的要求，是一种合宪性的解释结论。

　　第三，其他的合理差别对刑法解释也存在一定的影响。例如，对于特定主体形成的合理差别，可能会对刑法解释产生影响。在诽谤罪等涉及言论行使的相关犯罪中，对官员的人格权和名誉权保护可能要受到一些限制。因为官员是国家公权力的行使者，其往往代表公权力机关，因此，在接受民众的舆论批评与监督时，无可避免地要多承担一些责任。如果动辄对民众发表舆论批评的行为适用刑罚进行处罚，可能会压制民众有益言论的表达。根据地区经济发展水平的不同形成的合理差别，也会形成对刑法解释的影响。例如，对于经济犯罪中"数额较大""数额巨大"等的认定，在经济发展程度的不同地区存在不同的判断标准。因为在经济发展程度不同的地区，民众的收入、购买力具有非常大的差别。盗窃同一数额财物，在经济发展程度不同地区的法益侵害程度显然是有所不同的。因此，进行上述差别对待也是合理的。否则，仅从形式平等角度出发而对经济落后地区和经济发达地区采取同一的数额认定标准，必然会造成实质结果的不平等。

需特别说明的是，刑法对上述人员实行区别对待必须与其"差别"之处具有实质的关联性，而并非一概地区别对待。例如，如果盲人在道路上通行时因为视力缺陷而违反交通法规，引发交通事故造成过失犯罪，可以根据具体情况对其从轻或免除处罚；如果盲人因为视力缺陷找不到合适工作，从而引发盗窃等财产犯罪，此时在可谴责性上具有一定的减轻事由，因此也可以对其从轻处罚；而如果盲人实施的犯罪行为与其视力缺陷完全无关，那么在这种情况下，其并不具备受到"合理差别对待"的条件，也就不应受到刑法的优待。

四、言论自由的刑法合宪性解释应用

根据我国《宪法》第 35 条规定，中华人民共和国公民享有言论自由。思想家密尔曾经对言论自由的价值做出过这样的论述："剥夺人们发表意见的自由，就等于剥夺全人类的利益。如果那种意见是正确的，人类就失去了获得真理的良机；即使那种意见是错误的，也有利于人们对不同思想观点进行辨析，真理越辩越明。"❶ 由此可见言论自由的重要性。当然，任何权利的行使都是有其边界的，言论自由也不例外。公民在行使言论自由时不能损害国家利益、公共利益和集体利益，也不能损害他人的合法的自由和权利，否则就有可能构成违法乃至犯罪行为。

　　刑法中的一些犯罪与言论自由行使有关。其中主要包括以下三类：一是煽动宣扬型犯罪；二是编造传播型犯罪；三是侮辱诽谤型犯罪。这些犯罪的认定都与言论自由行使具有密切关联。因此，关于何种言论构成刑事犯罪，应当结合宪法保护言论自由的规定，根据言论的对象、内容、形式进行综合判断，以实现个体言论自由与国家利益、公共利益、集体利益、他人合法的自由和权利之间的平衡。

　　第一，从理念上讲，在涉及言论自由行使的犯罪认定中，应当树立一个理念，即言论自由行使行为不能被轻易认定为犯罪。❷ 这是因为言论自由是宪法明文规定的基本权利之一，是人类文明进步的重要动力。刑法作为处罚手段最为严厉的法律，如果轻易动用刑法来干涉言论自由行使，可能会压缩公民正常权利行使的空间，构成对公民基本权利的不当干涉。域外国家也都非常重视对言论自由的保护，比如在美国的宪法审查中，言论自由被作为公民重要的基本权利受到法律较为优先的保护，对于限制公民言论自由行使的公权力措施将会适用更为严格的合宪性审查标准进行审查。

---

❶　［英］密尔. 论自由［M］. 顾肃译，南京：译林出版社，2012：18－19.

❷　姜涛. 网络谣言的刑法治理：从宪法的视角［J］. 中国法学，2021（03）：208－228.

第二，从具体方法来说，在犯罪认定中，应当从正反两个方面来认定涉及言论自由行使的犯罪。一方面，从正面的判断来说，"有害"的言论必须达到一定的程度，如达到具体的危险或者造成实害结果时，才能动用刑法对之进行干预。即使言论自由等基本权利的行使存在一些不当之处，刑法也应坚守保障法的地位，不能轻易介入其中，动用刑事手段干涉公民的言论自由。例如，在2013年发布的《最高人民法院 最高人民检察院关于办理利用信息网络实施诽谤等刑事案件适用法律若干问题的解释》中，"点击、浏览五千次以上""转发五百次以上"被视为《刑法》第246条第1款所规定的"情节严重"情形之一，这种解释方案在合宪性上是有待反思的。在当今这样一个信息时代，信息的传播速度突破了物理的限制，一条信息被点击、浏览五千次，转发超过五百次并不困难。以并不高的限度要求作为刑罚发动的起点，这可能会对公民言论自由造成不当限制。此外，此解释的适用会使得网民在发布信息前极为谨慎，这可能会影响一些有益言论的发表。● 再如，根据我国《刑法》对诽谤罪的规定，对诽谤罪提起公诉的要件是"严重危害社会秩序和国家利益"。应当注意到，采用公诉程序处理诽谤案件可能导致公权力的滥用。有学者统计了151份网络诽谤的刑事案例，从数据的相关情况来看，公诉类诽谤案中被告人的定罪率是100%，而自诉类诽谤案件中被告人的定罪率约为67%。❷ 之所以出现这种情况，未必是

● 尹培培."诽谤信息转发500次入刑"的合宪性评析［J］.华东政法大学学报，2014（04）：154－160.

❷ 郑海平.网络诽谤刑法规制的合宪性调控——以2014—2018年间的151份裁判文书为样本［J］.华东政法大学学报，2019，22（03）：55－70.

因为公诉案件的证据更加齐全，而有可能是受到地方行政力量的干涉。考虑到对诽谤案件采用公诉程序对公民言论自由有可能造成不利影响，从合宪性解释出发，应当对"严重危害社会秩序和国家利益"进行限制解释。具体而言，"严重危害社会秩序"应当是造成现实社会秩序的混乱，而不能仅是抽象网络秩序的混乱。"国家利益"应当是国家整体的利益，而非某一地方的利益。对于"严重危害社会秩序和国家利益"中的"和"字，存在两种解释方案：一是将"和"理解为"或"，即两种后果择一符合即可；❶ 二是将"和"理解为"都"。❷ 从合宪性解释的视角来看，采用第二种解释方案更有助于保障公民的言论自由权。

另一方面，应当注意言论自由对犯罪认定的反面排除功能。①从言论的内容来看，应当确立事实与意见的二分法，言论犯罪中的言论应当是对"事实"的虚假陈述，发表"意见"的行为不能被认定为犯罪。事实和意见是不同的。所谓事实，是对某种客观现象的描述。例如，一个人的年龄当然是一个固定的数字。而所谓意见，是对某种现象的主观评价。例如，一个人是美还是丑。既然事实是对客观现象的描述，当然就存在真和假的区分，而意见则不同，对于同一事物或现象，不同人由于自身立场、认识的不同，会产生不同的看法，其中也很难区分出对错。例如，对于一个人的相貌，不同的人就存在不同的看法。所谓"情人眼

---

❶ 侯健. 诽谤罪、批评权和宪法的民主之约 [J]. 法制与社会发展，2011，17（04）：148－160.

❷ 赵秉志，彭新林. "严重危害社会秩序和国家利益"的范围如何确定——对刑法典第246条第2款但书规定的理解 [J]. 法学评论，2009，27（05）：129－130.

里出西施"，描述的就是这样一种情况。❶ ②从言论针对的对象来看，言论的公共性会影响其保障程度。换言之，言论针对的对象与公权力的关系越紧密，对言论自由的保障强度就越大。因为政府本身是以为人民服务为目的的，人民对政府提出意见、建议或批评本身就是理所当然的。因此，针对公权力行使者的批评应该受到较大程度的宽容。轻易动用刑法来限制民众对于公权力机关或工作人员的批评，显然存在一定的问题。2006 年发生的"重庆彭水诗案"就是一个典型的例子。重庆市彭水县的一个公务员仿照沁园春的词牌令，编写了一则手机短信。因短信内容有批评甚至嘲讽当地政府主要领导官员施政措施之处，作者因此被采取刑事强制措施，面临着刑事定罪的危险。在网络舆论的呼吁下，当事人最终被释放。③注意客观真实和"主观真实"的区分。主观言论型犯罪一般仅处罚客观上主要内容或者核心内容为虚假事实的发表。某些言论的发表，虽然客观上不够真实，但却是行为人出于主观确信，并非恶意传播的，不应被认定为犯罪行为。例如，行为人基于对权威媒体报道、权威人士意见的确信，对上述主体发布的"不实"信息进行了传播。即使事后发现这些信息是虚假的，由于行为人具有"主观"上的确信，不宜被简单认定为犯罪。

五、其他基本权利的刑法合宪性解释应用

除了前述的人身权、财产权、平等权、言论自由等基本权

---

❶ 林钰雄. 刑法与刑诉之交错适用 [M]. 北京：中国人民大学出版社，2009：240－241.

利，宪法中其他基本权利也会对刑法合宪性解释应用发挥重要的影响。

（一）政治权利的刑法合宪性解释应用

我国《宪法》明文规定了公民享有政治权利的内容，而《刑法》规定了剥夺政治权利的内容。因此，在解释刑法中的"剥夺政治权利"时应当接受宪法相关规定的制约。对刑法中"剥夺政治权利"的解释，主要的争议问题在于其中是否包括言论、出版、集会、结社、游行、示威自由的内容。有观点认为，上述"六大自由权"属于宪法中的政治权利，可以在刑罚中予以剥夺。另一种观点则认为，我国宪法中的政治权利仅包括选举权和被选举权，并不包括"六大自由权"等其他内容。❶ 如果按照此观点，刑法中剥夺"六大自由权"的规定在合宪性上就存在一定的质疑。对此问题，理论上存在的纷争一时难以评析。但是，我们在审视言论、出版、集会、结社、游行、示威自由的内容时就会发现，这些自由的行使并非一定涉及政治性内容。例如，公民将自己撰写的文学作品、科研作品进行出版，该出版行为并不属于政治性的表达。在市场经济中，行使上述自由的很多行为也属于商业性质而非政治属性。实际上，在外国宪法学的研究中，大多学者把上述六大自由归入精神自由的范畴，而非政治权利的范畴。

为了解决上述问题，有学者主张将"六大自由权"区分为政治性和非政治性的自由，非政治性自由则不属于剥夺政治权利

---

❶ 刘松山. 宪法文本中的公民"政治权利"——兼论刑法中的"剥夺政治权利"
[J]. 华东政法学院学报，2006（02）：3－14.

的范围。❶ 本书认为，对"六大自由权"进行政治性和非政治性的划分进而实现区别处理，符合合宪性解释的要求，应当作为解释结论加以采纳。正如前文所述，"六大自由权"的内容并非都具有政治权利的属性，事实上，公民在行使上述自由权时完全可以不涉及政治性内容。例如，犯罪人将科研成果写成论文，如果禁止其发表，实际上不利于科研成果的转化。再如，实施职务犯罪的犯罪人提出自己对于反腐败机制的完善建议，这对国家发展是有益的，也是值得提倡的。所以，笼统地剥夺犯罪人言论、出版等六大自由权，容易使政治权利与民事权利相混淆，存在一定的可质疑之处。当然，对于政治性自由和非政治性自由的具体划分标准，在实践操作上还有待进一步完善。

（二）科研自由的刑法合宪性解释应用

我国《宪法》第47条规定："中华人民共和国公民有进行科学研究……的自由。国家对于从事科学、技术……的创造性工作，给以鼓励和帮助。"科研自由是公民的一项重要基本权利。从权利属性来看，科研自由属于社会权的范畴。科研自由和言论自由不同。对于言论自由而言，"法无禁止即自由"，也就是说，在国家不干预的情况下公民就可以自由行使。而科研自由是一种需要国家予以"给付"的自由。科研自由不仅包括科研人员可以按照自身想法开展研究，还包括国家应当采取各种激励措施，为科研人员从事科学研究积极创造良好的外部条件。课题经费的保障就是重要的外部条件激励。没有课题经费保障的科研自由大多是不可能实现的。从权利和义务相对应的角度来看，科研人员

---

❶ 马克昌主编. 刑罚通论 [M]. 武汉：武汉大学出版社，1999：231-232.

的科研自由对应的是国家提供科研条件（特别是科研经费）的义务。❶

众所周知，科学研究是一项具有高度挑战性的工作。如果在经费支持和社会制度等层面上进行过于严苛的管控，这显然不利于科研人员的工作，阻碍了科研工作的进行。从我国社会的发展现状来看，对于科研经费使用的设置上还存在一些不够完善之处。例如，过度限制科研项目经费的具体使用情况。实际上，在科研项目立项之后，项目主持者对于科研项目经费应当具有相当程度的自主使用权。因为科研活动的形式是丰富多样的，有时候甚至不拘泥于某些固定的形式。如果过度限定科研经费的使用，实际上是对科研自由的不合理限制。❷ 在这种情况下，科研人员在日常活动中就难免会出现突破现有法律规范的情况。这种现象其实是科研制度不够完善等多方面的因素导致的，应当结合我国科研发展的现实情况予以具体处理。如果一味以法律手段，特别是刑事法律手段来制裁这种行为，实际上是对科研自由的进一步伤害。

从刑事司法实践来看，当科研人员不当使用课题经费以后，司法机关多以贪污罪等罪名来追究科研人员的刑事责任。如在"李某等贪污案"中，李某就被指控贪污课题经费，最后被判处有期徒刑十年。❸ 类似案件中的犯罪认定不乏疑问之处。以潘某铭教授的课题经费违规行为为例。潘某铭教授从事的课题与性工

---

❶ 湛中乐，黄宇骁. 国家科研经费制度的宪法学释义 [J]. 政治与法律，2019 (09)：2 - 13.

❷ 姜涛. 宪法上的科研自由与课题经费治理现代化的宪法法理 [J]. 南京师大学报 (社会科学版)，2021 (03)：5 - 15.

❸ 孙航. 中国工程院院士李宁等贪污案二审宣判 [N]. 人民法院报，2020 - 12 - 09.

作者有关，具有一定的敏感性。从伦理的角度来看，对于此类性工作者应当尊重受访者的选择，保护其个人隐私。但是，按照目前多数科研单位的课题经费管理制度，劳务费的支出必须写明具体信息或出具发票，这对于上述人员来说几乎是不可能完成的任务。为了完成课题研究，课题组转而采取变通方式来"套取"科研经费，进而为受访活动提供保障。依照相关法律规定，以弄虚作假的方式套取课题经费属于违法违规行为。但是该案的核心问题在于，课题经费的使用手段违法，但使用目的是合理的。具体而言，由于无法以劳务费的形式进行账目记录，因此课题组人员采取变通手段套取课题经费，以便给访谈者发放一些小礼品或给予适当的劳务补助。这实际上是为了更好地完成课题研究任务。从实现科研自由的角度出发，该案中的行为具有一定的违法阻却或减轻事由，可以从轻处罚或者不按照犯罪进行处理。●

科研活动具有重要的作用，它既有助于增强国家的科技实力进而提升综合国力，也有助于促进科技进步进而造福全人类。而科研自由则是科研活动的基本属性，具有积极的社会价值。在涉及科研经费使用的案件中，应当结合我国科研制度的具体发展情况，充分依照宪法保障科研人员的科研自由。当然，某些科研人员打着科研自由的名号，实际上实施了伪造、剽窃等其他不正当行为，这既不符合科研追求真理的目标，同时也超出了宪法对科研自由的保护范围，应当接受包括刑法在内的相关法律的惩处。

● 姜涛. 宪法上的科研自由与课题经费治理现代化的宪法法理［J］. 南京师大学报（社会科学版），2021（03）：5-15.

第六章

刑法合宪性解释的运用（下）：
以多重原则限定解释范围

　　基本权利只是为刑法解释确定了基本的方向，并不能完全证成刑法解释的合宪性。因此，还需要以法律保留原则、明确性原则、比例原则等多重宪法原则来进一步限定刑法解释的范围。这些宪法原则可以从形式和实质两个层面实现对刑法解释的合宪性限制。从形式上来看，刑法解释应当符合法律保留原则和明确性原则的要求。❶ 法律保留原则要求只有法律才能规定犯罪与刑罚的内容，不能超出刑法规定的范围进行定罪量刑。此外，刑法解释结论也应当符合明确性的要求。从实质上来看，刑法

---

❶ 当然，明确性原则属于形式层面的限制标准还是实质层面的限制标准存在一定的争议。例如，张明楷教授认为，明确性原则是罪刑法定原则的实质侧面要求。本书认为，法律的明确和清晰是法律形式正义的基本要求。在明确性的基础上，才能实现法律的妥当处罚（实质正义）。因此，本书将明确性原则列为合宪性解释的形式判断标准。

解释应当严格遵循比例原则的限定。刑罚作为对公民权利限制程度最高的公权力手段，应当符合目的妥当、手段适当、结果均衡三个方面的要求。

第一节　形式限制：法律保留原则与明确性原则

一、法律保留原则与明确性原则的内涵

所谓法律保留原则，就是（将重要事项）保留给法律去规定的原则，其在行政法与宪法等公法领域具有重要影响。行政法意义上的法律保留，是指对于某些特定领域的事项，没有法律的明确规定，行政行为就不得被合法证成。宪法意义上的法律保留，是指对于涉及公民基本权利限制等重要事项，只能由法律加以规定。

从形式上讲，尽管我国《宪法》并没有以明文形式表述"法律保留"原则，但从法律规定来看，法律保留原则得到了我国《宪法》与《中华人民共和国立法法》（以下简称《立法法》）的实际认可。根据我国《宪法》第 62 条的规定，只有全国人大才具有制定和修改刑事、民事、国家机构的和其他的基本法律的权力。根据《宪法》第 67 条的规定，全国人大常委会具备制定和修改除应当由全国人大制定的法律以外的其他法律的权力。而根据《宪法》第 89 条的规定，国务院只能"制定行政法规，发布决定和命令"，不能制定法律。而我国《立法法》第 11 条则明文规定，关于"犯罪和刑罚"和"对公民政治权利的剥

夺、限制人身自由的强制措施和处罚"的事项，只能制定法律。从实质上说，法律保留原则的诞生就在于保障公民基本权利的行使。众所周知，宪法基本权利对于公民具有重要的意义，但是基本权利的行使也并非没有边界的。公民行使基本权利应当受到外部条件的限制。问题的核心在于，应当以何种方式来对公民基本权利进行限制。如果直接由行政机关自由裁量对基本权利限制的边界，由于行政权具有活跃性，实际上是很难进行控制的。在这种情况下，就必须以一种严格的方式对基本权利进行限制。也就是以制定法律的方式来实施对基本权利的限制。这也就诞生了所谓的法律保留原则。法律保留原则实质上是通过法律形式来划定公民权利与公权力的关系。在法律保留原则下，只有法律才能规定限制公民基本权利的事项，行政机关也就无法过度行使其权力进而干涉公民权利。

有学者指出，法律保留原则以人民主权原则为前提，以法治原则为基础，以公民基本权利的保障为核心。❶ 这些在我国宪法中得到了充分的体现。

首先，法律保留原则是以人民主权原则为前提的。根据我国《宪法》中"中华人民共和国的一切权力属于人民"等条款的规定，人民主权是我国宪法的基本原则。根据人民主权原则，诸如制定法律等国家重大事务都应该由人民自己决定。在诸门类的法律中，刑法尤其具有特殊性。刑法是制裁手段最为严厉的法律，其处罚范围和程度直接关乎每个人的生命、自由与财产，这当然

❶ 周佑勇，伍劲松.论行政法上之法律保留原则［J］.中南大学学报（社会科学版），2004（06）：710-715.

属于特别重大的事项。因此，什么行为是犯罪以及对于犯罪应当施加何种刑罚，这些重大事项应该由人民加以决定。当然，由于国家现实的情况，不可能让每一个人都参与到法律制定中。因此，在我国由全国人民代表大会来代表人民进行刑法在内的基本法律的制定。由于司法机关必须严格遵照刑法进行定罪量刑，因此刑事司法的过程实际上也是实现人民意志的过程。由此来看，在人民主权原则下，对于何种行为是犯罪、对犯罪行为应当如何处罚，都是经由法律加以规定的，而不是由行政机关或司法机关自行决定的。这正好反映了法律保留原则的要求。❶

其次，法律保留原则是以法治原则为基础的。我国《宪法》第5条第1款规定："中华人民共和国实行依法治国，建设社会主义法治国家。"这是法治原则的直接体现。所谓法治，具有形式和实质的双重含义。形式上的法治是指一个国家的事务是经由法律加以管理的；而实质上的法治是指法律本身应当是符合正义的。从实质的法治要求出发，法治的目标应当是限制国家权力的不当扩张，进而保护公民个人的权利和自由。这就要求，对于公民个人权利和自由的干预只能是根据法律进行的干预。因此，法律保留原则是法治原则的要求。

最后，法律保留原则是以公民基本权利的保障为核心。我国宪法规定了广泛的公民基本权利。2004年"国家尊重和保障人权"被写入我国《宪法》。"人权入宪"显示了我国对人权尊重和保障的基本立场。正如前文所述，行政权具有较强的活跃性，

---

❶ 张明楷. 刑事立法模式的宪法考察［J］. 法律科学（西北政法大学学报），2020（01）：54－62.

对其进行限制是较为困难的。如果允许行政机关以行政法规的形式来规定犯罪与刑罚，那么此规定就极容易被滥用，进而对公民的基本权利造成严重损害。在司法实践中，一些司法工作人员没有很好地把握法律保留原则的要求，以部门规章或其他行政性规定作为依据来认定犯罪，这种行为最终导致的结果就是公民基本权利的范围受到不当的压缩，使得刑法沦为社会管制的工具，这显然是值得省思的。因此，为了更好地实现对公民基本权利的保障，应当将法律保留原则作为宪法原则。

明确性原则也是一项重要的宪法原则。在不同国家的宪法中，明确性原则都具有重要地位。例如，德国是通过基本法直接规定了明确性原则。而美国和日本的宪法中，明确性原则主要是从宪法的正当程序条款和法治条款中推导出来的。正当程序原则要求公权力主体在对公民做出不利处分时，必须从程序正义理念出发，充分保障相对方的程序权利。因此，立法者必须预先制定明确的法律规范，告知民众何种行为是被允许的，何种行为是被禁止的，否则，公民就不可能得到正当程序的保障。而法治原则也要求法律具备明确性，法学家富勒在提出法治的 8 项原则时就将明确性列入其中。只有民众可以预先知晓和理解法律规范，才能实现合理的社会控制。

我国宪法也应当将明确性原则列入宪法原则。从形式上来看，我国《立法法》第 7 条第 2 款规定："法律规范应当明确、具体，具有针对性和可执行性。"这是明确性原则的直接法律依据。从实质上来看，明确性原则也是法治原则和法律保留原则的要求。所谓法治原则，包括形式的法治原则和实质的法治原则。前者要求制定出来的法律是清晰而明确的，而后者则要求制定出来的法律是符合正义理念的。关于什么是正义，存在多种理解。就宪法而言，正义的核心要求就是避免公权力的过度扩张，进而对公民行使基本权利造成不当干涉。试想，如果法律是不明确的，那么民众也就无从知晓自身权利行使的范围，必然会对其自由空间造成压缩效果。欠缺明确性的法律规范也很难对公权力机关的权力行使范围和程序进行合理的限定，这会造成公权力的滥用。因此，既然法治原则是宪法的基本原则，那么，无论是从形式法治还是从实质法治出发，都应当将明确性原则列为宪法的基本原则。此外，明确性原则也是法律保留原则的要求。如前所述，法律保留原则是宪法原则，缺乏明确性的法律显然不利于实现法律保留。法律保留的首要要求就是将限制公民基本权利的重大事项限定在法律的范围内。而如果制定出来的法律是不明确的，那么，法律保留原则自然也无从实现——因为行政机关或司法机关可以借助不明确的法律条款，以执法和司法为名来实现自身意图。这就会造成行政人员的权力滥用和司法人员的主观擅断。因此，只有制定明确的法律规范，才能够充分发挥法律保留想要实现的效果。从这个角度来讲，明确性原则也是宪法原则。

明确性原则对于刑法具有重要意义。第一，罪刑法定原则是刑法的基本原则，其要求"法无明文规定不为罪，法无明文规定不处罚"。如果罪刑规范是不明确的，民众也就无法预测自身行为的法律性质，这会造成国民自由的萎缩。在我国封建社会下，刑法是统治者"治民"的工具，在明确性上是有所欠缺的。所谓"刑不可知，则威不可测"。在这种情况下，当然不可能奢求法律的明确性。张明楷教授指出，对罪刑法定主义的真正威胁，不是来自类推，而是来自不明确的罪刑规范。因为，类推是在个案适用中违反罪刑法定原则，而不明确的罪刑规范则会被一般性、普遍性地滥用，因而会导致一般性、普遍性地违反罪刑法定原则。● 第二，在所有部门法中，刑法是最强调法律明确性的。如前所述，要求法律具备明确性旨在限制公权力机关不当适用法律来干涉民众的基本权利和自由。刑法是法律后果和制裁手段最为严厉的法律。其他法律不明确，对公民权利和自由造成的限制是有限的，而刑法规范不明确，则会直接造成行为人被错误定罪和判刑，失去自由、财富乃至生命，这是一种"不可承受之重"。因此，在刑法领域，明确性原则尤其应当得到重视。忽视罪刑规范的明确性，将会造成刑罚权的滥用，这会对公民人身权、财产权等基本权利造成严重的损害。

二、法律保留原则与明确性原则的刑法合宪性解释应用

法律保留原则与明确性原则对刑法解释提出了形式上的限定要求。无论是司法机关在制定司法解释时，还是司法工作人员在进行刑法解释时都应当遵循上述原则的限制。

（一）法律保留原则的刑法合宪性解释应用

在刑法解释中，要严格遵守法律保留原则。在我国，司法解释对于指导法律适用、统一司法裁判发挥着重要作用。但是，司法机关在制定司法解释时，应当注意法律保留原则的要求，不能以解释之名来行立法之实，这是刑法合宪性解释的必然要求。

法律保留原则对于指导刑法中空白罪状的解释具有重要意

● 张明楷. 刑事立法模式的宪法考察［J］. 法律科学（西北政法大学学报），2020（01）：54－62.

义。所谓空白罪状，是指立法机关对构成要件未作规定或者只作部分规定，参照其他法律、法规对构成要件加以确定。换言之，对于空白罪状，在认定犯罪时必须参照前置的法律规范。对于空白罪状的解释，应当严格依照合宪性标准中法律保留原则的要求。尽管罪刑规范中的部分构成要件要素可以委诸其他法律法规来规定，但这里的"其他法律法规"仅限于法律、行政法规这一层级，不应包括部门规章。在运用法律保留原则进行刑法合宪性解释时，应当注意以下几点。

第一，在解释相关罪名时，必须找寻到具体的前置"国家规定"，不能在缺失前置"国家规定"的情况下认定犯罪。在一些案件中，人民法院并未在裁判文书中写明被告人所违反的具体前置"国家规定"，而是笼统地写明被告人的行为"未经国家有关机关批准""违反了国家相关规定"，这种释法说理的方式并不符合合宪性解释的要求，很容易导致解释结果违背法律保留原则的规定。例如，在非法吸收公共存款罪的认定中，不能简单地以行为人吸纳资金的行为未经批准为由来认定其构成本罪，而必须找寻到行为人所违反的具体国家金融管理法规，否则可能不当扩大本罪的认定范围。在很多案件中，非法融资与民间借贷之间具有一定的相似性，而《中华人民共和国商业银行法》禁止一般性企业以商业银行的运作模式（即吸收存款、发放贷款）吸收资金。在经济运行中，经常会有一些企业出现资金短缺，进而向民间进行融资的行为。如果企业融资确实是用于自身经营，而并非放贷谋利，即使最终未能及时归还，也并不构成非法吸收公共存款罪。在司法实践中，违反前述规定的情况是屡有发生的。

案例 6-1：杨某胜非法经营柴油案❶

2018 年 10 月，被告人杨某胜伙同他人在某小区对面停车场未经许可经营加油点销售柴油，后被公安机关查获。经查，2017 年 10 月至 2018 年 11 月期间，各被告人对外销售柴油金额自 20 万元至 196 万元不等。案发后，公安机关查获并扣押涉案柴油，经鉴定其闭杯闪点大于 60℃。

在该案中，公诉机关指控被告人杨某胜未经许可经营加油点并销售柴油的行为已经构成非法经营罪。这种定性是否准确呢？实质上是有待质疑的。非法经营罪的成立必须具备"违法国家规定"，审判人员必须得找寻到明确的前置国家规定，并在判决书中予以阐明，不能笼统地认定行为人违反相关国家规定。柴油属于成品油的一种，过去我国一直对成品油实施行政许可管理制度。❷ 但是，国务院办公厅于 2019 年 8 月下发了《国务院办公厅关于加快发展流通促进商业消费的意见》（以下简称《意见》），其中第 17 条规定，扩大成品油市场准入，取消石油、成品油批发、仓储、经营资格审批。在此《意见》下发以后，虽然成品油的经营仍需经地市级人民政府许可，但是成品油已经不再属于国家限制经营的物品。因而，无证经营成品油的行为由于不再违反行政法规，适用非法经营罪的前提便不具备。当然，这里还存在一个问题，就是该案中的柴油是否具有危化品性质。按照我国 2015 年版《危险化学品名录》，汽油以及闭杯闪点≤60℃的柴油属于危化品。本案中的柴油其闭杯闪点＞60℃，并不具备危化

---

❶ 毛小雨，唐乔君. 未经许可经营成品油的行为性质 [J]. 人民司法，2022 (05)：36-38.

❷ 参见 2004 年《国务院对确需保留的行政审批项目设定行政许可的决定》。

品的属性。综上所述，本案中被告人的行为不构成非法经营罪。需特别说明的是，随着前置规定的变化，对相应行为的定性也会随之变化。根据 2022 年颁布的《危险化学品名录》（2023 年 1 月 1 日施行），柴油不再区分闭杯闪点而全部列入危化品的范围。因此类似非法经营柴油的行为又被重新定性。行为人若未取得危化品经营许可证而经营柴油，侵害了国家对特定物品的管理秩序，达到构罪标准的，仍应以非法经营罪论处。

第二，在解释相关罪名时，不能将部门规章、地方性法规等纳入"国家规定"的范畴。既然我国《刑法》明确限定了"国家规定"的范围，在进行刑法解释适用时应当严格遵循此规定。在"国家规定"之外的部门规章、地方性法规乃至某些内部规定当然不能列入"国家规定"的范畴。否则，就违反了法律保留原则，进行属于不合宪的刑法解释。在司法实践中，类似的情况屡见不鲜，这种做法应当予以纠正。其一，法院不能把部门规章作为违反"国家规定"的依据。例如，在认定违法发放贷款罪时，有的法院在判决书中直接援引《粮食收购资格审核管理暂行办法》（以下简称《办法》）作为"国家规定"，❶ 但此《办法》只是由原国家粮食局和原国家工商行政管理总局联合制定的部门规章，并不具备"国家规定"的属性。其二，地方性法规也不能作为违反"国家规定"的依据。例如，私分国有资产罪要求"违反国家规定"，有的法院将地方性法规也纳入其中，这不符合刑法对于"国家规定"的界定。其三，其他行政规范性文件也不能纳入"国家规定"的范围。例如，在"赵某华非法

---

❶ 参见四川省高级人民法院刑事裁定书（2012）川刑终字第 840 号。

持有枪支案"中，赵某华摆设气枪射击摊位进行营利活动，后被公诉机关以非法持有枪支罪提起公诉。那么，应当如何认定非法持有枪支罪中的"枪支"呢？该罪的成立要求"违反枪支管理规定"。《中华人民共和国枪支管理法》第46条规定："本法所称枪支，是指以火药或者压缩气体等为动力，利用管状器具发射金属弹丸或者其他物质，足以致人伤亡或者丧失知觉的各种枪支。"2010年《公安机关涉案枪支弹药性能鉴定工作规定》进一步认定："对不能发射制式弹药的非制式枪支，按照《枪支致伤力的法庭科学鉴定判据》（GA/T 718—2007）的规定，当所发射弹丸的枪口比动能大于等于1.8焦耳/平方厘米时，一律认定为枪支。"有观点主张可以直接依据公安机关的规定来认定刑法中的"枪支"。但问题在于，公安机关作为行政部门，其制定的枪支标准主要是出于行政管理需要，这种标准在公安机关内部具有效力。但其并不属于"国家规定"的范畴，因而也不能对法院产生强制约束力。法院在审理涉枪案件时，不能直接依据公安部门的内部规定对"枪支"进行认定，而应当独立地对涉案枪支的属性进行判断。❶ 特别是在该案中，赵某华在街头摆摊，开展的是射击类游戏，人们来此是为了在茶余饭后进行休闲娱乐，该案中的气枪与通常意义上人们所认知的"枪支"实际上存在云泥之别。在这种情况下，法院就更不能简单地依照公安机关的内部规定进行司法裁判。

（二）明确性原则的刑法合宪性解释应用

刑事立法并非完美无缺的。刑事立法技术具有局限性，加之

---

❶ 陈兴良. 赵春华非法持有枪支案的教义学分析 [J]. 华东政法大学学报，2017，20（06）：6–15.

语言本身就存在一定的不精确性，因此刑法规范不可能是完全明确的。而且，社会生活纷繁复杂，一些看似明确的刑法规范在应用到具体案件中后，也会出现不够明确的地方。因此，在明确和不明确之间进行绝对的界限划定实际上是不可能的。但明确性是宪法对刑法提出的必然要求，也是罪刑法定原则的重要内容。在此意义上，应当通过刑法解释的方法走出这一困境。具体而言，当刑法存在不明确之处时，不应简单地以违反宪法明确性原则为由来否定刑法规范的效力，而是应当使用合宪性解释的方法使得不明确的刑法规范明确化。刑法中的空白罪状和兜底条款在明确性上都面临着一定的质疑，此时需要运用合宪性解释来缓解刑法在明确性上的不足。

刑法中的空白罪状在明确性上存在一定的问题。所谓空白罪状，是指立法机关对构成要件未作规定或者只作部分规定，参照其他法律、法规对构成要件加以确定。在我国刑法中，存在大量空白罪状的规定。对于空白罪状的解释，应当充分遵守前文提到的法律保留原则。因为所谓空白罪状，实际上是将部分刑事罚则的制定委任于行政法律，这与法律保留原则存在一定的紧张关系。在这种情况下，应当将"违反国家规定"的范围限定在法律、行政法规这一层，从而避免部门规章等直接成为刑事罚则的来源。

刑法中的兜底条款在明确性上也存在一定的问题。兜底条款是指刑法对犯罪的构成要件采用"其他……"这样一种概括性方式所作的规定。尽管这种方式在明确性上存在一定的欠缺，但是有助于增强刑法规范的弹性，进而满足纷繁复杂的社会情况，因此在立法上有其必要性。但是，兜底条款由于其规定上的概括性，在具体适用中容易被不当地扩张，进而压缩公民的自由行动空间。刑法中广为诟病的"口袋罪"主要就是由于兜底条款而造就的。例如，以危险方法危害公共安全罪中规定了"其他危险方法"。司法工作人员可能肆意扩大"其他危险方法"的范围，诸如高空抛物、抢夺方向盘、盗窃窨井盖的行为在某些情况下确实可能会对公共安全造成侵害，但并不能不加区分地将上述行为一概地纳入"其他危险方法"的范畴。再如，非法经营罪中的"其他严重扰乱市场秩序的非法经营行为"经常被司法机关加以扩大适用，将一般性的违规经营行为也纳入其中，进而过度干预了公民参与市场经济的经营自由权。❶

　　以"以危险方法危害公共安全罪"中规定的"其他危险方法"为例。如果单纯采用文义解释，就可能不当扩大该罪的适用范围，使其沦为口袋罪。此时应当采用同类解释规则，才可以满足解释结论的合宪性需求。同类解释是类型化思维的一种应用。此处的"类型"，是用以描述反复出现的事物的共同特征。它既不同于概念那样高度抽象，也区别于各个具体的、个别的事物，而是一种"建立在一般及特别间的中间高度"。同类解释规则具体指，如果法律上列举了具体的事物，在解释"其他……"规定时应当与前述具体事物保持同一性。❷ 例如，在对《刑法》中的以危险方法危害公共安全罪进行解释时，应当要求"其他危险方法"与放火、决水、爆炸、投放危险物质具有性质上的同一性。再如，袭警罪的加重犯要求具备"使用枪支、管制刀具，或

---

❶　王立志.非法经营罪之适用不宜无度扩张——以零售药店向医疗机构批量售药之定性为视角［J］.法学，2016（09）：150－160.

❷　王利明.法律解释学导论：以民法为视角［M］.北京：法律出版社，2009：262.

者以驾驶机动车撞击等手段"。在对"等手段"进行解释时，也应当采用同类解释规则，即将行为人所实施的袭警行为与"使用枪支、管制刀具，或者以驾驶机动车撞击"进行比较，进而确定行为的定性。诸如采取泼洒硫酸、使用铁棍等危险性较大的手段进行袭警的，应当属于这里的"等手段"。

第二节　实质限制：比例原则

众所周知，刑法所保护的法益具有广泛性，仅从保护法益来讲，无法完全将刑法同民法、行政法等法律区分开来。也就是说，当法益受到侵害时，是否需要动用刑法进行干预，这需要借助法益之外的其他标准进行判断。从宪法视角来看，刑罚权是一种强制性高、严厉性强的公权力手段，刑罚权的行使实际上是通过剥夺公民的自由权、财产权乃至生命权等基本权利来进行的。由于比例原则是宪法上限制公权力的基本原则，刑罚权也理应受到宪法中比例原则的限定。近年来，刑法学界普遍开始重视比例原则在刑法中的应用，刑法学者主张将比例原则引入刑法之中。比例原则不仅对刑事立法具有制约作用，也能对刑法解释发挥重要影响。在解释适用刑法时，比例原则可以限制刑罚权的过度行使，保障公民的自由权利空间，这从实质上限定了刑法干涉的范围。

一、比例原则的基本内容

比例原则要求公权力行使的手段与对公民基本权利的损害之

间应当具有适度的比例关系。一般认为，比例原则包括适当性原则、必要性原则和均衡性原则三个子原则，这三者分别处理的是手段与目的、手段与手段、结果与目的之间的关系。这三个层面实际上是一种层层递进的关系。只有逐次通过上述三个层面的限定，才能最终确保公权力对公民基本权利的干涉是合限度的。❶比例原则中的子原则的内涵具体如下：①适当性原则，是指实施限制基本权利的手段应当与其想要实现的目的具有关联性，也就是说，手段必须是能够有助于目的实现的。该项原则处理的是手段与目的之间的关系。②必要性原则，是指在多种能够实现目的的手段中，应当选择对公民权益损害最小的手段。所谓"不能用大炮打蚊子"，其实就是必要性原则最通俗的一种表达。该项原则处理的是手段与手段之间的关系。③均衡性原则，又称狭义比例原则，要求应当在手段所达成的目的与对公民权利造成的损害之间进行衡量，只有手段所实现的目的大于对公民权利造成的损害时，该手段才是均衡的。该项原则处理的是结果与目的之间的关系。

　　然而，比例原则的内容是否只限于上述三项子原则，还存在一定的争议。学界有观点提出，应当将目的正当性作为比例原则的内容之一。对此问题，可以分为以下两种学说：①肯定说。部分学者认为，比例原则的三项子原则都是从手段与目的之间的关系进行的考量，而缺乏对目的正当性本身的判断。因此，应当增加目的正当性作为比例原则的子原则。❷至于目的正当性在比例

---

❶　陈晓明. 刑法上比例原则应用之探讨［J］. 法治研究，2012（09）：91 - 100.
❷　刘权. 目的正当性与比例原则的重构［J］. 中国法学，2014（04）：133 - 150.

原则中的地位，理论上还存在不同的看法。具体又可以分为以下两种。● 第一种是四阶层模式，即将目的正当性原则和适当性原则、必要性原则、均衡性原则并列，作为比例原则的第四项子原则。这样比例原则的内容就被扩充为目的正当性、适当性、必要性和均衡性。第二种观点是二阶层模式。该种观点认为，比例原则的适用可以分为两个层面。第一个层面是对目的本身的考察，即限制公民基本权利所追求的目的是正当的。第二个层面是手段本身的考察，即传统比例原则下的适当性原则、必要性原则和均衡性原则。由此可见，二阶层模式与四阶层模式并不存在本质上的区别，只不过是对比例原则的四项子原则在不同层面的划分。②否定说。多数观点仍然坚持比例原则的传统内涵，即比例原则的着眼点在于处理手段和目的之间的关系，不应当包含对目的本身的审查。● 应当区分目的上的正当性与手段上的正当性，这两者属于不同层面的内容。目的上的正当性并非比例原则的审查内容，只有后者才属于比例原则的调控范围。

对此，本书认为，仍然应当坚持经典的比例原则内涵，不应当将目的正当性纳入比例原则的审查范围。主要理由如下：第一，从比例原则的出发点来看，其本身就是为了划定公权力干预公民基本权利的限度，所谓的"比例"，就是要求公权力干涉的范围和强度与对公民基本权利造成的损害之间合乎比例。因此，才围绕着手段与目的之间的关系形成了经典的三项子原则，分别

● 熊亚文. 比例原则的刑法意义与表达 [J]. 中国政法大学学报，2021（06）：246 - 259.
❷ 于改之，吕小红. 比例原则的刑法适用及其展开 [J]. 现代法学，2018，40（04）：136 - 149.

处理手段与目的、手段与手段、结果与目的之间的关系。目的正当性超出了比例原则中"比例"的探讨范围。第二，比例原则中缺乏目的正当性的判断，这并非比例原则自身的缺陷。因为任何一个原则都有它适用的范围和限度，不可能存在囊括所有内容的原则。目的正当性的判断当然是十分重要的，也是不可缺失的。但这并不是比例原则关注的重心。实际上，前述宪法基本权利发挥的就是这个作用。只有服务于保护基本权利才能够满足刑法解释的目的正当性判断。在此之后，才存在比例原则的适用问题。对此，张明楷教授指出，缺乏目的正当性审查确实属于比例原则的一个不足，但他也是将法益保护纳入比例原则的前置环节，而非拓宽比例原则本身的范围。❶ 总而言之，目的自身的正当性与否已经超出了比例原则的探讨范畴。因此，本书坚持通说的观点，认为比例原则的内容仅包含适当性原则、必要性原则和均衡性原则三项子原则。

二、比例原则的刑法适用价值

刑罚权是一项重要的国家公权力。美国学者道格拉斯·胡萨克甚至认为，除了发动战争，一个国家所做的任何决定都不如决定将哪些行为通过刑法予以禁止以及该行为应受到多大刑罚重要。❷ 因此，以限制公权力为使命的比例原则对于刑法适用具有重要的约束和限制作用。比例原则的三项子原则可以分别从手段与目的、手段与手段、结果与目的三个方面对刑法解释进行制

---

❶　张明楷. 法益保护与比例原则 [J]. 中国社会科学，2017 (07)：88–108.

❷　[美] 道格拉斯·胡萨克. 过罪化及刑法的限制 [M]. 姜敏译，北京：中国法制出版社，2015：5.

约，使得刑罚权的发动受到宪法上的限制，进而从实质上保障刑法解释的合宪性。

谈及比例原则的刑法适用，一个不可忽视的问题就是比例原则与刑法谦抑性原则之间属于何种关系。所谓刑法谦抑性原则，是指刑法在干预社会生活时应当保持克制，当民法、行政法等法律足以解决社会矛盾纠纷时，刑法就不能轻易发动。刑法谦抑性要求刑法应当处于法秩序的最后手段位置，只有当刑罚发动具有不可避免性时，刑法参与社会治理才是合理的。刑法的谦抑性原则历来受到刑法学者的重视，被视为刑法适用的基本原则。从宪法角度来审视刑法谦抑性原则就会发现，刑法谦抑性原则实际上就是从比例原则中推导出来的，或者说，刑法谦抑性是比例原则在刑法领域的具体适用。比例原则中的必要性原则要求，公权力在干预公民基本权利和自由时，应当在各种合目的的手段中选择对公民个人权益侵害最小的方式。也就是说，不能"用大炮来轰蚊子"。而"刑罚是国家对人民所施加最为严厉且最直接的暴力"。作为一种严厉的制裁手段，刑罚可以剥夺一个人的人身自由权、财产权乃至生命权。既然刑罚是诸多法律手段中对公民基本权利造成损害最严重的方式，那么当民事手段、行政手段等方式可以有效处理社会纠纷时，刑事手段自然不能被轻易适用。由此来看，比例原则可以从深层次来阐释刑法谦抑性原则的由来。

尽管比例原则与刑法谦抑性原则都具有限制刑法处罚范围的作用，但两者仍然存在重大区别。❶

---

❶ 熊亚文. 比例原则的刑法意义与表达 [J]. 中国政法大学学报，2021（06）：246－259.

第一，比例原则的适用具有强制性。①比例原则属于宪法的基本原则，可以适用于所有公法领域。而刑法谦抑性原则属于刑法内部的基本原则，只适用于刑法领域。②比例原则具有宪法规范层面的效力，域外不少国家直接在宪法中明文规定了比例原则的内容，我国宪法虽然没有明文规定比例原则，但是可以从权利行使的范围和人权保障等条款推导出比例原则。因此，比例原则实际上具有宪法规范层面的效力。但刑法谦抑性只是刑法理论上的一种学说，并没有被刑法规范所明文规定。正是由于这个原因，在不同学者之间，对于刑法谦抑性的理解也存在一些不同。无论是主张积极刑法观的学者，还是赞同消极刑法观的学者，都可以借由刑法谦抑性为自身的主张提供理论支撑。③比例原则因为具备宪法层面的效力，具有法律上的强制性。虽然我国宪法审查制度还有待进一步完善，但是借助合宪性解释，比例原则仍旧可以发挥其合宪性控制的功效。但刑法谦抑性原则只能借助司法适用者的理论自觉性，主要通过自我约束的方式予以适用。实际上，正是由于刑法谦抑性原则缺乏强制效力，近年来刑事司法领域出现了诸多违反刑法谦抑性原则的案件裁判，刑法在很多时候实际上充当了社会治理的急先锋。由此来看，比例原则能够起到刑法谦抑性原则无法发挥的作用。

第二，比例原则的适用具有程序性。比例原则旨在调节国家公权力手段行使与公民基本权利之间的关系，通过适当性原则、必要性原则和均衡性原则三个子原则，分别处理手段与目的、手段与手段、结果与目的之间的关系。比例原则的三项子原则的顺序并不是随意安排的，而是具有内在的逻辑关系，实际上是层次分明、层层递进的。适当性原则要求行使公权力所采取的手段有助于目的的实现。如果公权力行使根本无助于目的实现，那么就没有必要进入下一步必要性原则和均衡性原则的考察。只有通过适当性原则的考察，才可以进一步探讨刑法适用是否必要和均衡的问题。必要性原则要求从多种可能的手段中选择对公民基本权利损害最小的手段，刑罚手段作为制裁手段最严厉的方式，自然应当被置于民事、行政手段之后予以发动。在通过必要性原则的考察之后，公权力的行使也并不必然是正当的。均衡性原则要求公权力想要实现的目的与对公民权利造成的损害之间具有合理的比例关系，避免对公民自由造成过度的压缩。这对于指导定罪量刑也具有重要意义。从上述内容来看，比例原则的三项子原则实际上是对国家公权力进行审查的三个步骤。只有通过前一阶段，才能进入下一阶段的考察。这就体现了比例原则所具备的严格的程序性，这显然是刑法谦抑性原则所不具备的。这为开展刑法的合宪性解释提供了基本的适用顺序。

综上所述，比例原则的适用具有强制性和程序性，对于刑法解释起到了重要的指导和限制作用。因此，在进行刑法解释时，以比例原则作为实质限定原则，可以有效控制刑法解释的范围，进而避免刑法对公民基本权利造成不当干涉。

三、适当性考量：刑事处罚能否有效保护法益

国家动用刑罚惩治犯罪必须有助于法益保护才具备适当性。从人类社会的早期阶段开始，惩罚就是维护社会基本规范、实现社会控制的重要手段之一。国家产生之后，刑罚就正式成为最严厉的社会控制方法。犯罪是严重危害国家、社会和个人利益的行为，是对法秩序的最严重破坏。通过刑罚这种最严厉的法律制裁

手段，可以有效遏制犯罪的发生，进而保障刑法法益，同时维护社会生活的基本秩序。尽管刑罚在控制犯罪和维护社会秩序上并非万能的，但确实是一种不可或缺的方法。刑事手段会给人带来强烈的痛苦，它可以限制甚至剥夺公民的自由、财产、名誉乃至生命等基本权利。因此，刑法不能为了惩罚而惩罚。要求刑法适用以保护法益为目的，这是比例原则下适当性原则的必然要求。而要想实现刑法解释的合宪性，就必然要求对构成要件的解释应服务于保护法益的目的。

犯罪认定需要进行适当性的考量。在一些犯罪认定中，采用文义解释可能会导致刑法干涉未能满足法益保护的要求。此时，司法人员往往通过添加不成文构成要件要素的方法，在罪刑规范处罚的行为与适格的法益之间建立关联，以限缩刑法干涉的范围。本书认为，这种目的性限缩解释能够满足比例原则下的适当性原则要求，是合宪性解释方法的一种应用。例如，我国《刑法》第 170 条规定了伪造货币罪。该罪的成立是否需要具备以使用或者流通为目的？对此问题，我国刑法学者之间存在意见分歧。持否定说的学者认为，伪造货币行为具有严重的社会危害性，我国刑法并未要求行为人主观上存在特定目的。因此，对于伪造货币但并不使用的行为，也应当以该罪论处。❶ 这显然是采用文义解释的必然结论。持肯定说的学者则认为，从刑法解释论的角度来看，该罪的成立要求具备使用货币，或者意图使其流通的目的。因为单纯为了教学、收藏观赏、个人兴趣爱好等而伪造货币的，不具有使用目的，其制作的假币也就不会被当作真币而

---

❶　张明楷. 刑法学（下）［M］. 北京：法律出版社，2016：768.

在市场上流通，不会对法益造成侵害。❶ 这种观点更多体现了刑法目的解释方法的运用。在发生上述解释方案的争议时，可以采用合宪性解释的方法来平息此解释纷争。这里首先涉及的问题就是确定伪造货币罪的保护法益。如果伪造货币罪侵犯的法益是货币制造或者发行权，则只要制作了货币就应构成伪造货币罪。而如果伪造货币罪侵犯的法益是货币信用，则没有使用目的就不会侵犯货币信用。在过去，我国刑法通说认为伪造货币罪的保护法益是货币管理制度。但正如前文所述，刑法法益应当以基本权利为内核。单纯的货币管理制度本身并不是刑法保护的对象。换言之，货币管理制度只有在服务于基本权利时，才应当作为刑法保护的对象。因此，刑法设立伪造货币罪其实保护的不是货币的管理制度，而是货币的一种公共信用。如果货币没有公信力，那么自然无法在市场中流通，这实际上会阻碍市场经济的有效运转。因此，应当将伪造货币罪的保护法益理解为货币的公共信用。❷ 在这种情况下，从适当性的原则出发，刑法解释必须服务于法益保护这个目的。为该罪增加"以使用为目的"，可以有效实现保护货币公共信用的目的。因此，本书认为，在确定了伪造货币罪的保护法益之后，相较于文义解释，采用目的限缩解释的方法能够更好地满足比例原则下适当性的要求，该种解释方案应当作为最终的解释结论。

刑罚裁量也需要加入适当性的考量。按照学界较为通行的观点，刑罚的目的在于实现特殊预防和一般预防，进而实现对法益

---

❶ 周光权. 刑法各论讲义 [M]. 北京：清华大学出版社，2003：278.
❷ 周光权. 刑法各论讲义 [M]. 北京：清华大学出版社，2003：277.

的保护。因此，在解释适用刑罚规范时也应当注意是否有助于实现特殊预防和一般预防的目的。此外，保安处分措施的目的主要在于特殊预防，其解释适用也应当遵循适当性原则。例如，《刑法》第64条规定了特别没收制度，其中要求对"供犯罪所用的本人财物"应当予以没收。在司法实践中，司法机关有时会扩大"供犯罪所用"的范围，将行为人在实施犯罪活动时所使用的交通工具、通信工具等都纳入其中。试想，刑法之所以规定特别没收制度，就是通过剥夺行为人的财产权实现犯罪预防的目的，不当扩大"供犯罪所用"的范围，根本无助于实现保安处分的预防目的，实际上违反了适当性原则的要求。

案例6-2：没收胡某某车辆案❶

被告人胡某某与受害人王某某系朋友关系，2021年1月31日，胡某某打电话将王某某约出后，开车将其带入某停车场。随后，胡某某在车内意图对王某某实施强奸，因故未能完成。一审法院判决胡某某构成强奸罪（未遂），同时以被告人所驾驶的车辆属于"供犯罪所用"为由判处没收该车辆。

在该案中，一审法院之所以判处没收该车辆，理由就是该车辆属于"供犯罪所用"的本人财物。在这里，法院采用的显然是文义解释的方法，即从广义角度将"供犯罪所用"的财物理解为在犯罪的全过程中使用的一切与犯罪存在联系的财物。胡某某实施强奸犯罪，确实是发生在车内，所以将该车辆理解为"供犯罪所用"似乎也能够说得通。但这显然会过度扩大没收财物的

❶ 参见贵州省黔西南布依族苗族自治州中级人民法院（2021）黔23刑终233号刑事判决书。

范围。如果照此理解，犯罪人在实施犯罪过程中使用的所有财物都会被纳入其中。将犯罪人穿着的衣服、鞋袜都算作"供犯罪所用"的财物，这无疑是十分荒谬的。因此，可以从适当性原则出发来对此文义解释范围进行一定的限缩。如前所述，刑法之所以规定特别没收制度，就是通过对行为人财产的剥夺，实现保安处分的犯罪预防目的。那么，就应当结合此目的对"供犯罪所用"进行限缩解释。具体而言，只有符合直接性和通常性要件的财物才属于"供犯罪所用"的范畴。所谓直接性，是指财物直接服务于犯罪实现，诸如犯罪人所穿着的衣物，就并非直接服务于犯罪实现，因此不能纳入特别没收的范围。当然，就该案中的车辆而言，其确实直接服务于强奸犯罪的实现，符合"直接性"要件的要求。此时就需要另一个要件，即"通常性"要件的限定。所谓通常性，是指财物通常情况下是用于实现犯罪的。在该案中，犯罪人胡某某所驾驶的车辆，平时一般是用于个人或家庭出行需要，并非用于实施犯罪行为，也就不符合通常性要件的要求。

综上所述，该案中的车辆并不属于"供犯罪所用"的财物。实际上，二审判决也最终支持了的这种结论。尽管判决中没有说明这是一种合宪性解释的应用。但如果从比例原则下的适当性原则来考量，这显然属于刑法合宪性解释具体应用的一个典范案例。

当然，不得不指出的是，无论采用何种解释路径来阐明罪刑规范，或多或少对于实现刑法法益保护目的都是有一定助益的。因此，比例原则下的适当性原则对于约束刑法解释发挥的作用空间是较为有限的。

四、必要性考量：刑事处罚是否具有不可替代性

必要性考量要求在所有能达成目的的手段中，应当选择对民众权利损害最小的、最温和的手段。一般而言，法律会对公权力的行使预留一定的自由裁量空间，必要性考量是对这种自由裁量权进行的限制。由此可见，必要性考量是从手段的选择上规范国家权力的行使，进而保障公民基本自由不被过度干涉。从刑法角度来看，刑事处罚显然是所有公权力手段中最为严厉的一种。因此，只要存在同样有效的可替代性手段，就不应当轻易动用刑罚进行处罚。

在此意义上，刑法谦抑性原则其实正是比例原则下必要性原则在刑法中的反映。刑法谦抑性原则只是从结果上说明了刑法应当谦抑，而必要性原则则是从源头上推导出了刑法要谦抑的原因。但是，必要性原则与刑法谦抑性原则之间并不能完全画等号。谦抑性原则是从"刑罚是最严厉的制裁手段"这个角度推导出来的，其本身当然具有合理性。但"谦抑"一词却很容易给人一种误导，就是刑法在任何情况下都应该保持被动。特别是近年来，每当刑法新增罪名时，无论该罪名的增设是否合理，是否切实满足了社会需要，刑法不够"谦抑"都被作为一个万能论据，被批评者拿来作为"尚方宝剑"加以应用。谦抑性原则几乎成为一个"任人打扮的小姑娘"。当然，这主要是和一些刑法学者和法律工作人员对于谦抑性原则缺乏正确认识有关，此外也同"谦抑性"原则的文义表述有一定关系。任由这种情况发展，会导致另外一个极端，就是认为谦抑性原则已经不再适应刑法发展的时代需求，应当予以抛弃。其实，谦抑性原则所表达的价值诉求并不存在问题，只是在表述上容易让人产生一些误解。

采用必要性原则的表述则可以避免上述困扰。必要性原则表达的
就是刑法只有在必要时才能发动。一方面，这表明了刑法不能轻
易干涉社会生活的要求。另一方面，其还表达了另外一层含义，
那就是当民法、行政法等前置法不足以应对某种行为时，刑法作
为保障法应该挺身而出，发挥自身独特作用。这就更加全面地、
直观地反映了刑法同民法、行政法等前置法之间的关系，体现了
刑法在法律部门中的特别地位，从而避免了"谦抑性"原则给
人带来的一些误解。

需要说明的是，在运用必要性原则对刑法进行制约时，应当
特别区分立法论的思考方式和解释论的思考方式。在立法论意义
上分析刑法的发动是否必要？这是一个重要的问题。刑法作为保
障法，不能轻易干预社会生活。但是，随着社会生活的变化，如
果某些行为适用民法、行政法等前置法都不足以应对时，刑法作
为终极保障法也应当果断出击。这在刑事立法上主要表现为"犯
罪化"现象。所谓"犯罪化"，是指将原来不属于犯罪的行为在
刑法中规定为犯罪。一般认为，刑法实现"犯罪化"的形式有
以下三种：增设新罪名、扩充罪状和扩充罪状同时修改罪名。❶
刑法在进行"犯罪化"时，应当由立法机关对社会发展情况、
相关实践案例和数据、民众的接受度、域外相关立法等内容进行
广泛调研，深入分析，然后综合判定是否需要对某种行为进行
"犯罪化"。刑事立法上"犯罪化"的本质是将原来不构成犯罪
的行为纳入刑法的规制范畴。进行立法"犯罪化"时应当遵守
必要性原则。例如，醉驾行为本来只属于行政违法，但立法机关

---

❶ 齐文远. 修订刑法应避免过度犯罪化倾向 [J]. 法商研究, 2016, 33 (3)：9–13.

考虑到近年来醉驾导致交通事故多发，对民众生命财产安全已经造成了严重威胁，单纯依靠行政法规已经无法有效遏制醉驾行为。因此，《刑法修正案（八）》将之增设为刑事犯罪。再如，在分析袭警罪的入罪问题时，有研究者做出了如下的分析。根据公安部的数据，近10年，全国公安机关共有3773名民警因公牺牲，5万余名民警因公负伤。其中，在2020年全国公安机关共有315名民警、165名辅警因公牺牲，4941名民警、3886名辅警因公负伤。❶ 其中有相当一部分警察的牺牲与受伤是袭警行为导致的。近年来，典型的暴力袭警事件更是屡见不鲜，2008年在上海发生的"杨某袭警案"、2015年在河南发生的"11·4洛阳暴力袭警事件"等都引发了舆论的强烈关注。人民警察成为和平时期最具危险性的职业，成为最不能享受和平的人。面对如此恶劣的袭警犯罪现状，刑法对之从严打击是必要的。尽管在《刑法修正案（九）》中已经增加了袭警条款，并设定了加重处罚规定，但袭警行为从属于妨害公务罪的规制范畴，且最高法定刑只有3年有期徒刑，这种严厉程度和袭警行为的危害性是不相符的。因此，设立独立的袭警罪并设置不同层次的法定刑是有其必要性的。上述都属于必要性原则在刑事立法论层面的应用。但在立法论层面上，"必要性"原则的适用和解释论层面上"必要性"原则的适用是完全不同的。当某种行为已经被立法规定为犯罪以后，司法适用者就不能再依据所谓的必要性原则，以刑法不能轻易发动为由来拒绝某项罪名的适用。而是应当在解释适用刑

---

❶ 中华人民共和国公安部.2020年共有480名公安民警辅警因公牺牲［EB/OL］.(2021－01－08)［2022－08－20］. https：//www. mps. gov. cn/n2254314/n6409334/c7678040/content. html.

法时，结合必要性原则对构成要件进行实质化的解释，以确保刑法发动的合理性。

作为比例原则的重要组成部分，在进行刑法合宪性解释时，应当充分考虑必要性原则的限制作用。这主要体现在定罪环节和量罪环节两个方面。

（一）定罪环节必要性原则的适用

在进行定罪时，应当充分考量刑法手段和非刑法手段（如民事手段、行政手段、道德教化）是否都能实现所要达到的目的。如果非刑法手段也能实现刑法手段能够达到的规制效果，就不应当适用刑法手段。只有当非刑法手段无法有效实现刑法保护目的时，才有必要让刑法出动。换言之，刑法仅具有最后防卫的手段性质，是处理社会问题的最后一道防线。刑法只是法律规范体系中的一部分，本身也不可能介入社会生活的全部领域。刑法惩罚的对象，仅限于重大的法益侵害行为，并非一切不法行为都值得动用刑法进行处理。应当将那些法益侵害程度较低的行为排除在刑法干涉领域之外，而交由其他法律进行保护。

必要性原则对于很多罪名的解释都具有重要的指导作用。非法利用信息网络罪的适用即是如此。非法利用信息网络罪的犯罪构成中存在"等违法犯罪活动"和"其他违法犯罪信息"的表述。那么，应当如何解释该罪中的"违法犯罪"呢？这对于确定非法利用信息网络罪的适用范围具有重要的影响。学界对此存在两种不同的观点。❶ 第一种观点是采用文义解释的方法，认为

---

❶ 田宏杰. 行政犯的法律属性及其责任——兼及定罪机制的重构［J］. 法学家，2013（03）：53–55.

"违法犯罪"只包括犯罪的情形，而不应当将一般违法行为纳入其中。❶ 第二种观点认为，"违法犯罪"既包括犯罪活动，也包括其他的违法活动。❷ 这样就把一般违法行为也囊括进"违法犯罪"的范围中。由于非法利用信息网络罪本身就是一种预备犯罪的实行化，如果采取第二种解释方案，那就意味着动用刑法来处罚一般违法行为的预备行为。试想，在我国刑事司法实践中，连犯罪行为的预备行为一般都不进行处罚，现在直接处罚一般违法行为的预备行为，这显然是不够恰当的。因为，刑法在法律体系中具有保障法的属性，只有当前置法律规范无法发挥作用时才能发动刑法进行处罚。第二种观点显然违背了必要性原则的要求。从合宪性解释来看，应当选择第一种解释方案作为最终的解释结论。再如，在对袭警罪的解释适用中，也应当注意必要性原则的要求，将袭警犯罪行为与一般违法行为进行合理的区分。例如，在"张某某袭警案"中，警察对张某某卧室进行依法搜查，其拒不听从民警刘某等人的告诫，采取推搡、围攻等方式对民警进行阻挠，并用手撕扯民警刘某的胸部、腹部，将其内衬衣物扯烂，并将其胸前佩戴的警用执法记录仪打落在地，致使执法记录仪损坏。法院认定张某某构成袭警罪并判处有期徒刑 6 个月。❸ 该案中，张某某只是实施了撕扯警察衣物、打落警用执法记录仪的行为，这与"暴力袭击"相差甚远，显然只属于一般的行政违法行为，认定为袭警罪显然是不够恰当的。这违背了必要性原

---

❶ 欧阳本祺，王倩.《刑法修正案（九）》新增网络犯罪的法律适用［J］. 江苏行政学院学报，2016（04）：125 – 127.

❷ 郎胜主编. 中华人民共和国刑法释义［M］. 北京：法律出版社，2015：504.

❸ 参见重庆市沙坪坝区人民法院（2021）渝 0106 刑初 223 号刑事判决书。

则对刑法解释的基本要求。

如何判断何种行为应当由刑法进行干涉，这就涉及行政违法和刑事违法的区分问题。只有属于刑事违法的行为，才能动用刑法进行干涉。这对于适用必要性原则进行合宪性解释具有重要意义。对此问题，需要进一步地展开探讨。

在这个问题上，学界主要存在三种理论学说。第一种理论是量的区分说。❶ 该理论认为违法程度"量"上的不同是行政违法和刑事违法的区分关键。行政违法表明行为的不法程度较轻，而刑事违法则表明行为的不法程度较重。从量的区分说出发，行政违法和刑事违法在不法性质上是一致的，只是在程度上有所不同。第二种理论是质的区分说。❷ 该理论认为，行政违法和刑事违法在违法的"质"上存在不同。所谓行政违法，主要是对行政命令的一种不服从，而刑事违法则是对人的生命、身体、财产等法益造成了严重的侵害。质的区分说旨在说明刑事违法应当具有独立的判断方式，不能简单以"量"的不同来界分行政违法和刑事违法。第三种理论是质量区分说。❸ 该理论认为，行政违法和刑事违法在多数情况下性质上并无差异，主要表现为程度上的不同。但在某些领域，刑法具有自身独特的保护目的，这就导致刑事违法判断具有不同于行政违法判断的属性。

应当说，这三种观点各具特色，对于行政违法和刑事违法的

---

❶ 王骏. 违法性判断必须一元吗？——以刑民实体关系为视角 [J]. 法学家, 2013 (05): 131 - 147.

❷ 王莹. 论行政不法与刑事不法的分野及对我国行政处罚法与刑事立法界限混淆的反思 [J]. 河北法学, 2008 (10): 26 - 33.

❸ [德] 克劳斯·罗克辛. 德国刑法学 - 总论 (第 1 卷): 犯罪原理的基础构造 [M]. 王世洲译, 北京: 法律出版社, 2005: 28.

区分都具有一定的指导意义。但分析后就会发现，前两种观点在立论上存在一定的不足，而第三种观点相对更加合理。在我国刑法中，很多情况下犯罪和行政违法的区别主要体现为"量"的程度不同。例如，对于盗窃罪来说，数额的大小会直接影响犯罪的成立与否。再如，对于故意伤害的行为，导致轻伤以上结果的才会构成犯罪，而没有导致轻伤以上结果的就只属于行政违法。但是，之所以会出现这种现象，恰恰是因为在上述罪名认定中，行政法和刑法在保护目的上（财产权或身体健康权）发生了重合。在某些犯罪中，刑法保护目的和行政法保护目的存在一定的差异。此时，刑事违法的判断和行政违法的判断就体现为一种质的差异。例如，行政法对药品的规定，主要是为了维护药品的管理秩序。而单纯的管理秩序其实并不是刑法保护的对象。刑法规定相关药品的犯罪，是通过维护药品的安全进而保障公民的生命健康权。因此，在著名的"陆某销售假药案"中，单纯违反行政规范的销售"假药"行为，因为其并不会对用药者的生命健康造成损害。因此，这种行为是否构成刑法中的销售假药罪，就存在一定的质疑空间。❶ 再如，刑法意义上的"枪支"和行政法意义上的"枪支"也有一定的不同。按照《中华人民共和国枪支管理法》的规定，行政法之所以对枪支的持有和使用进行限制，是为了加强对枪支的管理，进而维护社会治安秩序，同时保障公共安全。因此，行政法意义上的枪支认定标准应当较为严格。按照公安部印发的《公安机关涉案枪支弹药性能鉴定工作规

---

❶ 随着 2019 年《中华人民共和国药品管理法》对"假药"相关规定的修改，未经批准进口少量境外已合法上市的药品已经被排除在"假药"之外，上述争议问题现在已经并不存在。

定》，"枪口比动能≥1.8焦耳/平方厘米"的都应当认定为行政法意义上的"枪支"。但是，刑法规定非法持有枪支罪，则主要是为了保障公共安全，进而保护公民的生命和财产安全。因此，在对非法持有枪支罪中的"枪支"进行认定时，刑法意义上的"枪支"标准应当更为严格。无论如何设定其具体标准，考虑到涉枪犯罪规定的严厉性，刑法对"枪支"的认定标准都应当比行政法更为严格。

（二）量刑环节必要性原则的适用

在必须要动用刑事手段来进行处理时，还应当考量适用何种刑罚的问题。刑罚可以分为生命刑、财产刑和资格刑等种类。同样是刑罚，不同刑种之间就存在重大区别。死刑作为极刑，可以剥夺犯罪人的生命，这显然是最为严厉的刑罚手段。这就要求对死刑的适用应当是极为克制的。即使是在同一刑种内，刑罚幅度也存在显著的差异。因此，即使某一行为确应被科处刑罚，在进行刑法解释时，还应当考虑选择何种刑罚是最为合适的。从必要性原则的考量出发，对行为人适用刑罚时，在能够实现一般预防和特殊预防的目的下，应当选择损害最小的刑罚手段，而不能对犯罪人施加过度的刑罚。正如耶林所说的，刑罚如"双刃剑"，用之不得其当，则国家与个人两受其害。这对于进行刑法解释具有重要的指导意义。

例如，根据《刑法》第48条规定，对于应当判处死刑的犯罪分子，如果不是必须立即执行的，可以判处死刑同时宣告缓期二年执行。那么，如何解释这里的"不是必须立即执行"？这需要进行细致的分析。这里列举一种典型情形展开讨论。根据最高人民法院的相关文件，因为"邻里纠纷"引发的故意杀人案，如果被害人存在一定过错，或者行为人具备法定从轻情节，一般不应判处死刑立即执行。[1] 这就是考量到因邻里纠纷引发的故意杀人案件和其他的故意杀人案件相比，犯罪人的一般预防和特殊预防必要性都是有所不同的。从一般预防目的来看，故意杀人属于侵害法益最为严重的犯罪之一，所以刑法对之规定了最高刑为死刑的刑罚予以重点预防。但是，因邻里纠纷引发的故意杀人案件，犯罪人与被害人之间属于熟人关系，这种环境下引发的杀人行为一般是由特定原因或者偶发事件所导致的，而不太可能威胁到特定社区的其他人。此种行为给社会带来的恐慌程度与其他杀人案件有显著的差异。因此，并不必然需要采用死刑立即执行的方式来实现刑罚一般预防的目的。从特殊预防目的来看，对犯罪人采取死刑立即执行的方式就是认为犯罪人实际上已经没有被改造的可能性，应当在肉体上予以消灭，进而实现刑罚的特殊预防目的。在因邻里纠纷引发的杀人案件中，犯罪人可能大多并不存在类似的情形。综上所述，对于因邻里纠纷引发的杀人案件，考虑到对犯罪人适用死刑立即执行以外的刑罚手段已经足以满足犯罪预防的需要，一般就不再适用死刑立即执行。

五、均衡性考量：刑事处罚的损害与保护法益是否均衡

均衡性考量要求公权力行使追求的目的与其给民众所造成的损害应当达成平衡，而不能给民众造成过度的负担。否则，就说明目的与结果之间是不合乎比例的。换言之，公权力行使所追求的目的不能大于对民众权利造成的损害。均衡性考量旨在通过目

---

[1]　参见 1999 年《全国法院维护农村稳定刑事审判工作座谈会纪要》。

的与结果之间的衡量，实现国家、社会和个人利益之间的平衡。在具体的刑法解释上，均衡性考量要求刑事处罚对被告人的损害与保护法益之间应当是均衡的。特别需要说明的是，行政法和刑法所采取的手段对公民基本权利的损害程度是不同的，因此，在刑法领域适用均衡性原则应当做出更严格的要求。在刑法领域，刑罚手段造成的损害不仅不能大于所保护的法益，甚至也不能相当，否则刑罚的适用就是不恰当的。

不难发现，此要求实际上和刑法上的罪刑相适应原则是共通的。罪刑相适应原则又称罪刑均衡原则，其要求重罪重判，轻罪轻判，罪刑相称，罚当其罪。罪刑相适应原则最早可以追溯至原始社会的同态复仇。所谓以牙还牙、以眼还眼，就是罪刑均衡的最原始的表达。现代意义上的罪刑相适应原则是自近代思想启蒙运动之后逐步产生完善的，最终被确立为刑法的一项基本原则。尽管罪刑相适应原则遭到了不少的挑战，但是其蕴含的公正性思想确实是刑法始终追寻的重要价值。因此，其作为刑法基本原则的地位是不可动摇的。现代法治国家都将罪刑相适应原则作为一项重要的立法和司法原则。符合罪刑相适应原则，其实也就符合了均衡性原则的要求。不过，罪刑相适应原则是刑法内部的一项原则，而均衡性原则则是具有宪法位阶的原则。

（一）均衡性考量的基本要求

在刑法领域均衡性考量要求，刑法手段所造成的损害应当小于其所保护的法益。均衡性考量对刑法解释的要求主要体现在以下两个层面上。

第一，在国家和社会层面，在进行刑法解释适用时，要求使用刑事手段所造成的不良影响应当小于其带来的利益。特别应当注意的是，刑罚是以剥夺或限制公民权利来实现其法益保护目的的，这就要求在发动刑罚权时要避免过度限缩国民自由。例如，经济刑法之所以对经济活动进行干预，目的就在于维护社会主义市场经济的基本秩序。市场主体就如同在道路上行驶的汽车，车辆行驶需要良好的交通秩序，需要红绿灯的指挥和限制。但是，也不能设置过多的红绿灯，否则车辆就不可能畅行。在进行刑法解释时，应当避免其对经济活动空间进行过度的干预。《刑法》第225条关于非法经营罪的兜底规定，在相当长时间被过度扩张适用，事实上妨碍了经济发展。❶ 这显然不符合均衡性原则的考量。因此，需要考虑采用同类解释规则对之进行合理的限制。再如，社会管理秩序和公民言论之间往往存在一定的紧张关系。如果一味为了维护社会秩序，进而过度限制公民的言论自由，实际上也不合乎均衡性原则的要求。在现代社会，容忍必要的言论批评是公权力成熟的表现。我国的政府以为人民服务作为目的和宗旨，因此，民众对于政府机关及其工作人员提出批评、意见和建议，本身也是理所当然的。政府有义务接受民众的言论批评。在某些情况下，民众的言论自由行使可能存在一些不当之处，但是并不能轻易动用刑罚来对这种言论自由行使进行干涉。例如，在前述"重庆彭水诗案"中，当事人编写手机短信，借以隐喻或者嘲讽当地政府主要领导的施政措施。在这种情况下，公权力机关应当更多本着宽容态度来看待此类行为。因为从均衡性角度进行考量，公民对政府的批评也有其有利的一面。如果缺乏来自民

---

❶ 张明楷. 法益保护与比例原则 [J]. 中国社会科学，2017（07）：88–108.

众的言论监督，公权力的行使也就缺少了重要的制约，这实际上不利于法治政府的建设。

第二，在具体个罪层面上，刑罚裁量应当与犯罪的严重程度以及刑罚目的相适应，这也是前述罪刑相适应原则的要求。例如，在"许霆案"中，案件事实本身并不复杂。之所以引发舆论的强烈关注，就在于当事人许霆所实施的行为的危害程度与其一审判决所受到的刑罚之间存在较大失衡。许霆在使用 ATM 机进行取钱时，ATM 机器出现了故障。从机器取出的金钱数额与扣除的账面无法对应，其吐出的货币远超出了账面上显示的数字。许霆反复操作上述行为，然后携款逃离。令普通民众所无法理解的是，机器因故障自动吐出超额金钱，这种情况不仅是见所未见，更可谓闻所未闻。人性总是有弱点的，所谓人同此心，心同此理，恐怕很多人都难以抵挡这种"送上门"的金钱诱惑。许霆实施的上述行为纵然有过，但此行为和"无期徒刑"的处罚之间似乎缺少了必要的均衡关系。之所以会产生这个问题，就在于刑法在设定"盗窃金融机构"的加重刑时过于刚性，没有意识到某些可能出现的特殊情况。传统意义上的金融机构，管控严密，甚至有武装人员荷枪实弹进行防卫。在这种情况下实施的"盗窃金融机构"的行为在法益侵害性上当然是非常严重的。问题是在本案中，自动取款机作为银行的一部分，也被视为"金融机构"予以对待。而许霆所实施的盗窃行为，其实并不同于通常意义上的窃取行为，而是单纯地将"送上门"的金钱带走。这与一般意义上的盗窃行为在不法程度上也存在显著差异。考量到自动取款机出现上述故障情况恐怕是百年一遇，所以该案的一般预防程度也是极其有限的。❶ 因此，如果从比例原则下的均衡性原则进行考量，对许霆处以无期徒刑的刑罚显然是不合理的。考虑到《刑法》对"盗窃金融机构"法定刑的刚性规定，从合宪性解释的角度出发，只能利用《刑法》第 63 条的减轻处罚条款对该案予以特别处理。

均衡性原则对于非刑罚处罚措施的适用也具有制约作用。例如，在对犯罪人适用刑事从业禁止时，禁止其从事"相关职业"的范围也应当符合比例原则中均衡性的要求。具体而言，从业禁止给公民职业自由权造成的损害不得大于其所追求的预防再犯罪的目的，不能过度扩大"职业禁止"的范围。❷ 例如，如果一名教师在授课时猥亵儿童，在对其判处刑罚时可以附加适用职业禁止。但是，禁止从事相关职业的范围应当限于对儿童的授课资格，而不一定必须剥夺其给成年人授课的资格。再如，医生在进行医疗活动时对女性患者实施性犯罪，可以剥夺其对女性患者的诊疗资格，但是不必以此为理由剥夺其对男性患者的诊疗资格。因此，刑事从业禁止中"相关职业"的范围应当限于预防行为人再次实施相关犯罪的需要，而不能过度限制其"职业禁止"的范围。否则，就会给行为人造成不必要的过度负担。

（二）均衡性考量下"以刑制罪"的反思

在应用均衡性原则进行合宪性解释时，有一个理论问题值得进一步厘清，就是应当如何看待所谓的"以刑制罪"。在过去，

---

❶　白斌. 刑法的困境与宪法的解答——规范宪法学视野中的许霆案［J］. 法学研究，2009，31（04）：108 – 121.

❷　李兰英，熊亚文. 刑事从业禁止制度的合宪性调控［J］. 法学，2018（10）：107 – 119.

定罪和量刑普遍被认为是一个前后相继的过程，即先定罪、后量刑，量刑的定罪为前提。晚近以来，开始有学者提出了以刑制罪的理论。以刑制罪，又称以刑罚来反制定罪，一般是指在认定犯罪时还应当注意到刑罚的规定，主张刑罚对犯罪的解释具有重要的影响。支持此理论的学者认为，在具体犯罪中，刑罚对于犯罪解释确实具有影响。❶ 以刑制罪可以有效地调和罪刑之间的紧张关系。❷ 在司法层面，实际上大量存在一些处于罪与非罪临界点的案件。当行为的性质存在一些模棱两可之处时，结合刑罚的具体规定，有助于进行罪与非罪的界分。❸ 反对此理论的学者则认为，以刑制罪违背了司法三段论的基本关系，实际上是对司法活动的一种扭曲。同时，以刑制罪也是对罪刑法定原则的背离，应当在刑事司法实践中予以抛弃。❹

那么，应当如何看待所谓的以刑制罪理论呢？在比例原则均衡性的要求下，以刑制罪是否有其适用空间呢？这是值得深入思考的问题。应当说，批评者对于以刑制罪理论的一些看法有其合理之处，但具体观点也不无偏颇。第一，以刑制罪并不会背离罪刑法定原则。罪刑法定原则是刑法的基本原则，对于刑事司法活动具有根本性的制约作用。批评者所担心的是，定罪本来是一个根据犯罪构成要件来判断某种行为是否构成犯罪、构成此罪还是

---

❶ 劳东燕. 刑事政策与刑法解释中的价值判断——兼论解释论上的"以刑制罪"现象 [J]. 政法论坛，2012，30（04）：30-42.

❷ 姜涛. 批判中求可能：对量刑反制定罪论的法理分析 [J]. 政治与法律，2011（09）：120-129.

❸ 冯亚东. 罪刑关系的反思与重构——兼谈罚金刑在中国现阶段之适用 [J]. 中国社会科学，2006（05）：125-134.

❹ 郑延谱. 量刑反制定罪否定论 [J]. 政法论坛，2014，32（06）：130-136.

彼罪的过程。如果将量刑的考量也加入其中，无疑表明本来是行为自身性质决定的犯罪定性却受到了后果的影响，这可能导致背离犯罪构成来认定犯罪，实际上就是对罪刑法定原则的背弃。应当说，这种批判有一定的道理。但他们没有注意到的是，支持以刑制罪的学者从未认为可以偏离犯罪构成来认定犯罪。他们只是认为，除了个别情节非常简单的犯罪，刑法中的犯罪认定实际上是一个较为复杂的过程。在多数情况下，尽管刑法对犯罪构成进行了明确的规定，但是具体刑法用语的内涵仍然是十分广泛的，这为进行刑法解释提供了足够的空间。在定罪时考虑刑罚的规定，只是对刑法解释提出了新的要求，绝不意味着可以不遵循犯罪构成来认定犯罪。第二，以刑制罪不会颠覆刑法适用的基本逻辑。批评者之所以对以刑制罪理论存在天然反感，一个可能的原因就是认为以刑制罪理论会颠覆传统刑法适用的基本逻辑。传统观点认为，刑法适用包括定罪和量刑两个基本环节。先定罪、后量刑是刑法适用的基本逻辑。但是，以刑制罪理论主张在犯罪认定的过程中就要加入刑罚的考量，这似乎意味着，刑法适用者可以根据某一行为的社会危害程度先大体定下其刑罚幅度，然后按此区间来寻找合适的刑法罪名。这无疑背离了刑法适用的基本理性思维，也会造成司法裁判人员的擅断。尽管这种担忧不无道理，但是不得不指出的是，批评者对以刑制罪理论还是存在着一些误读。所谓以刑制罪，只是说在定罪的过程中加入量刑的考量。但是，整个刑法适用的过程仍然遵循先定罪、后量刑，这个刑法适用的基本逻辑并没有被颠覆。主张以刑制罪的学者绝不可能认为，在以刑制罪的模式下，刑法适用的过程将被扭转为先量刑、后定罪。否则，会造成整个刑法理论，特别是犯罪构成理论的历史性倒退。

在对上述批评者的质疑进行厘清以后，还需要从正面来回应以刑制罪理论的价值依据。本书认为，在均衡性原则指导下的合宪性解释适用中，以刑制罪理论有其合理存在的空间。

一方面，以刑制罪符合均衡性原则下的解释要求。犯罪构成要件与行为事实之间的对应并非一蹴而就的，这正是刑法解释存在的必要性。例如，刑法中故意毁坏财物罪中的"毁坏"通常意义上是对财物的物理破坏。但是，某些没有对财物造成物理毁坏而是单纯减损其价值的行为，是否构成刑法意义上的"毁坏"？这就值得展开进一步的思考。❶ 由此可见，具体情境中刑法用语的解释是十分复杂的。比例原则下的均衡性原则，作为宪法的基本原则之一，对于进行刑法解释具有制约作用。在解释刑法用语时，结合个罪具体刑罚的规定，可能会有助于对其内涵的确定。例如，在"宋某祥故意杀人案"❷ 中，夫妻两人吵架后，妻子上吊自杀，丈夫在隔壁屋子里听到声音但是并未前去查看，放任妻子自缢身亡。在这一案件中，行为人可能构成（不作为形式）故意杀人罪。但故意杀人罪对应的基本刑罚范围是死刑、无期徒刑和十年以上有期徒刑，对照此刑罚幅度来对"杀人"行为进行解释时就会发现，该案中丈夫的这种单纯不救助行为，与如此严厉的刑罚所对应的"杀人"行为似乎很难形成对应关系。所以，对于被告人是否构成故意杀人罪，还有待进一步地考量。由此可见，以刑制罪有助于限缩刑法条文的解释范围。因为刑法

---

❶ 陈兴良. 故意毁坏财物行为之定性研究——以朱建勇案和孙静案为线索的分析 [J]. 国家检察官学院学报，2009，17（01）：96-107.

❷ 参见河南省南阳市中级人民法院（1995）南刑终字第002号刑事裁定书。

条文的含义本身就存在一个较为宽广的解释空间，可以结合多种因素对之进行解释，刑罚的规定自然也可以作为影响刑法解释的因素之一。

另一方面，以刑制罪有助于实现均衡性原则下目的与结果之间的比例协调。比例原则中的均衡性原则，要求在公权力采取手段所追求的目的与对民众权利造成的损害之间进行比例性考量。通过目的与结果之间的这种衡量，进而实现国家、社会和个人利益之间的平衡。以刑制罪理论恰恰和上述原则的要求是共通的。在认定犯罪时加入对应刑罚的考量，有助于保障犯罪认定和刑罚裁量之间的基本均衡。此外，这种裁判结果往往更容易为民众所认可。周光权教授指出，刑法的裁量结果应当符合常情和常理，能为一般民众所接受。❶ 这对于进行刑事司法裁判具有一定的指导意义。随着我国刑事法治水平的提升，司法裁判者不再是之前的非科班出身人员，而大多接受过严格的法学训练。同时，更多细致精巧的刑法理论也被逐步引入我国刑事司法实务中。应当说，这种进步是十分可喜的。但随着司法专业度的提升，也可能会催生一种司法者的专业傲慢。前述"许霆案"之所以造成如此大的争议，就是因为当事人许霆的行为在普通民众看来有其可宽恕之处。而一审判决将之认定为盗窃金融机构，进而判处无期徒刑。这和民众朴素的法感情之间存在鸿沟般的距离。在普通民众眼中，无期徒刑所对应的犯罪行为无疑具有巨大的法益侵害性。而许霆所实施的只是利用自动取款机故障，进而拿走机器多吐出来的金钱的行为。面临如此赤裸裸的金钱诱惑，可能是很多

❶　周光权. 论常识主义刑法观［J］. 法制与社会发展，2011，17（01）：82－94.

普通人所无法抗拒的。这种犯罪定性和刑罚裁量实际上背离了民众对于行为和后果之间关系的基本认知。正如某些司法实务工作者所称的，刑事案件当事人最关注的其实不是自己触犯了何种罪名，而是自己最终会被判处何种刑罚。我们在生活中经历的普通一天，可能就是服刑人员在监狱中难熬的数千分秒。刑法适用者对此问题应当具有清醒的认知，不能随意滥用自己手中的刑罚裁量权。

通过上述分析可以看出，以刑制罪理论与比例原则下的均衡性考量有着内在的契合性。将此理念适用到刑法解释中，可以避免犯罪认定和刑罚裁量之间出现不合比例的平衡，实际上有助于实现对刑罚权的限制。

结　语

　　晚近以来，合宪性解释成为刑法解释学中的一个学术增长点。实际上，这种现象的出现并不是偶然的，而是刑法理论和实践进入纵深发展的必然结果。[1] 随着社会的变化，刑法理论和实践面临着不少新的挑战和问题，仅从刑法体系内部很难对这些问题做出妥当的回答。只有跳出刑法之外来看待刑法，才能为刑法中的疑难问题的解决提供全新的视角和深层次的反思维度。宪法作为母法，在法律体系中处于最高位阶，对刑法具备独特的制约作用。从宪法角度出发，可以为思考刑法问题提供新的视角。应该来说，我国刑法学者一直非常重视宪法对刑法的制约作用。但是，过去这种问题主要是从刑事立法层面来探讨的。如何在解释论层面实现刑法的宪法制约，在长时间内缺少合适的方法。而合宪性解释恰恰从解释论层面为实现宪法与刑法的沟通

❶　陈璇. 正当防卫与比例原则——刑法条文合宪性解释的尝试 [J]. 环球法律评论，2016, 38（06）: 37-38.

提供了基本路径。刑法的合宪性解释不仅有助于实现宪法统领下的法秩序的统一，也有助于在社会深刻变革下实现对刑法的合宪性控制。正因如此，刑法合宪性解释不仅得到刑法学者的支持，也受到宪法学者的重视。合宪性解释的兴起是刑法学者和宪法学者共同推动的产物。

刑法的合宪性解释不仅具有理论意义，也具有很强的实践应用价值。对于刑事司法实践而言，对具体刑法条文的解释往往是一个复杂的、充满争议的过程。刑法内部虽然存在多种解释方法，但当这些解释方法发生冲突时，应如何进行处理呢？这对于法官而言，是一个应用上的难题。而合宪性解释可以为平息上述解释争论提供独特的视角。当刑法条文存在多种解释可能时，合乎宪法的解释方案应当被作为最终的解释结论。这对于指导刑事法官裁判刑事案件具有重要的意义。同时，理论和实践之间也存在互动关系。"问渠那得清如许，为有源头活水来"。刑事司法中的合宪性解释实践恰恰为研究刑法合宪性解释问题提供了充足的素材。理论和实践之间的互动有助于刑法合宪性解释向纵深发展。

刑法合宪性解释容易受到质疑的一点是，刑法自身已经发展成为一个较为完备的法律部门体系，在思考刑法问题时加入宪法的视角，这是否会对刑法体系本身造成不必要的冲击？当合宪性解释被司法工作人员普遍适用以后，是否会造成刑法理论知识被弃之不顾？这种担心尽管也有一定的道理，但从根本上讲是不必要的。刑法解释之所以需要宪法的限制，是因为刑法本身具有一定的扩张性，如果任由刑法解释扩大自身范围，可能会对公民基本权利造成不当的干涉。因此，需要引入合宪性的视角，实现对刑法解释的外部控制。宪法作为根本法，对部门法刑法发挥的是宏观作用。宪法不可能也不会规定具体的定罪量刑问题。在由宪法搭建的法秩序框架内，刑法仍然具有很高的自主性。合宪性解释只是为刑法解释提供了基本的方向指引和适度的范围限定，在宪法容许的范围内，刑法解释仍然属于刑法体系自身的问题。❶

　　本书对刑法合宪性解释在以下几个方面进行了初步的探索。

　　首先，刑法合宪性解释的概念、根据等基本问题。域外国家虽然已经展开了对刑法合宪性解释的基本探索，但这些国家大多是由宪法审查机关展开的，而我国的刑法合宪性解释则是在处理一般刑事司法案件时进行的。因此，在对我国语境下的合宪性解释进行界定时，应当注意到我国刑事司法的具体运行机制。因此，本书将刑法合宪性解释界定为在处理刑事司法案件（而非宪法审查）时，依照宪法规范（包括宪法规则和原则）对刑法条文的含义进行的阐明。具体而言，就是当刑法条文存在多种解释可能时，选取其中符合宪法的解释可能、排除其中不合宪的解释可能作为解释结论。进行刑法的合宪性解释有其必要根据。一方面，从理论上来看，刑法合宪性解释是法秩序一致性的必然要求，宪法位于法秩序的顶端，进行刑法解释应当遵循宪法的规定；另一方面，从实践来看，随着风险社会的到来，刑法面临着范围扩张与坚守传统之间的抉择，而合宪性解释能够为平衡刑法法益保护与人权保障提供合理的解决方案。

---

❶　何庆仁. 我国《刑法》第 29 条第 2 款的合宪性解释 [J]. 政治与法律，2021（08）：85 – 96.

其次，刑法合宪性解释的体系定位。对此问题，学界存在较大的争议，主要包括宪法解释说、刑法解释原则说或解释限度说、目的解释方法说、体系解释方法说和独立解释方法说等不同的观点。本书认为，从性质上来说，刑法合宪性解释不是宪法解释，其并非只是一种刑法解释原则或限度，也不同于目的解释和体系解释，而是一种独立的解释方法。这主要存在以下三个原因：①合宪性解释能够为刑法条文含义的阐明提供独特的论辩理由；②合宪性解释参与解释结论的形成过程；③合宪性解释具有独特的解释位阶。

再次，刑法合宪性解释的合宪标准。刑法合宪性解释的标准问题是合宪性解释应用的核心环节。学界现有的合宪标准理论存在一定的不足。本书认为，应当提倡一种综合性的合宪标准。具体是指以宪法规则和原则为范围，主要包括基本权利、国家目标等与法律保留原则、明确性原则、比例原则等构成的合宪标准。

最后，刑法合宪性解释的运用。本书认为，一方面，宪法基本权利可以为刑法解释确定基本的方向。刑法法益观应当在基本权利视域下得到重塑。从刑法法益的历史沿革来看，其经历了从权利侵害说到法益保护说的发展。随着刑法法益的不断扩张，法益概念开始出现了抽象化、前置化等现象，刑法法益逐渐脱离基本权利束缚。因此，应当使刑法法益回归基本权利内核。基本权利对刑法解释方向具有调节作用。一方面，基本权利具有正向确立功能，这为进行刑法解释提供了方向指引；另一方面，基本权利具有反向排除功能。不具有刑法基本权利内核的刑法法益不应当得到刑法的保护。基本权利在刑法合宪性解释中存在很多具体应用。宪法中的人身权、财产权、平等权、言论自由等对于刑法解释都具有指导作用。在基本权利之外，还应以法律保留原则、明确性原则和比例原则等多重原则限定刑法解释的边界。上述原则又可以被区分为形式限定原则和实质限定原则。其中，法律保留原则与明确性原则主要是从形式上来限定刑法解释的范围，以保障解释结论的合宪性。法律保留原则要求只有法律能够规定犯罪和刑罚内容，不能超出刑法规定的范围进行裁判。对于刑法条文的明确性问题，可以通过合宪性解释的方法来增强刑法的明确性。比例原则为刑法解释提供实质性的限制，比例原则中的适当性、必要性和均衡性三原则对于限制刑法解释的范围具有重要的意义。具体而言，适当性考量要求刑事处罚应当有效保护法益；必要性考量要求刑事处罚应当具有不可替代性；均衡性考量要求刑事处罚应当与保护法益相均衡。这里还存在一个未竟的课题，就是如果在刑法合宪性解释的运用中，合宪标准内部发生了矛盾，应当如何进行处理。比如，某种解释方案更能满足保护宪法基本权利的要求，但却缺乏明确性。此时是否应当进行合宪性解释呢？这有待今后进行更深入的研究。

　　当然，我们也应认识到，希望合宪性解释来解决所有的刑法疑难问题是不现实的。实际上，刑法作为一门独立的法律部门，其绝大多数内容是从自身理论发展出来的，而不是从宪法中推导出来的。因此，不能希冀于宪法能够解决所有的刑法疑难问题。恰恰相反，宪法视角的加入实际上使刑法理论变得更加复杂。刑法解释学需要思考的是，在加入合宪性解释的视角以后，应当如何认识合宪性解释的体系地位，应当如何处理传统解释方法和合宪性解释方法之间的关系，如何展开合宪性解释的具体应用。上述问题都有待于刑法理论的进一步思考和司法实践的具体建构。

尽管陈璇博士较为乐观地表示，刑法合宪性解释的理念已经被人们所普遍接受，下一步主要研究的问题是合宪性解释的具体操作方法。^❶ 本书对此持谨慎的乐观态度，我国刑法合宪解释的研究实际上才刚刚起步，在刑法合宪性解释的基本概念、体系定位和合宪标准等诸多问题上还存在较大的争议，学界在上述基本问题上还未能达成共识，刑法合宪性解释在未来的道路上还存在很多挑战。期待在理论界和实务界的合力协作下，刑法合宪解释理论能够得到进一步的发展，这对于增强宪法活力、推动刑事法治发展具有十分独特的作用。

---

❶ 陈璇. 正当防卫与比例原则——刑法条文合宪性解释的尝试 [J]. 环球法律评论，2016，38（06）：37－38.

参考文献

一、著作类

[1] 陈新民．法治国公法学原理与实践（上）[M]．北京：中国政法大学出版社，2007．

[2] 陈兴良主编．刑法总论精释 [M]．北京：人民法院出版社，2011．

[3] 陈兴良．判例刑法学 [M]．北京：中国人民大学出版社，2012．

[4] 储槐植，江溯．美国刑法 [M]．北京：北京大学出版社，2012．

[5] 葛洪义．法律方法讲义 [M]．北京：中国人民大学出版社，2009．

[6] 韩大元主编．比较宪法学 [M]．北京：高等教育出版社，2003．

[7] 黄太云．刑法修正案解读全编：根据刑法修正案（八）全新阐释 [M]．北京：人民法院出版社，2011．

[8] 郎胜主编．中华人民共和国刑法释义

［M］．北京：法律出版社，2015．

［9］黎宏．日本刑法精义［M］．北京：中国检察出版社，2004．

［10］李海东．刑法原理入门（犯罪论基础）［M］．北京：法律出版社，1998．

［11］李希慧．刑法解释论［M］．北京：中国人民公安大学出版社，1995．

［12］梁根林主编．当代刑法思潮论坛（第二卷）——刑法教义与价值判断［M］．北京：北京大学出版社，2016．

［13］林来梵．宪法学讲义［M］．北京：法律出版社，2015．

［14］林钰雄．新刑法总则［M］．北京：中国人民大学出版社，2009．

［15］林钰雄．刑法与刑诉之交错适用［M］．北京：中国人民大学出版社，2009．

［16］马克昌主编．刑罚通论［M］．武汉：武汉大学出版社，1999．

［17］苏彩霞．刑法解释的立场与方法［M］．北京：法律出版社，2016．

［18］苏永钦．合宪性控制的理论与实际［M］．台北：月旦出版公司，1994．

［19］王利明．法律解释学导论：以民法为视角［M］．北京：法律出版社，2009．

［20］杨仁寿．法学方法论［M］．北京：中国政法大学出版社，1999．

［21］张军．刑法［分则］及配套规定新释新解［M］．北京：人民法院出版社，2009．

［22］张明楷．法益初论（上册）［M］．北京：商务印书馆，2021．

［23］张明楷．刑法学（上）［M］．北京：法律出版社，2021．

［24］张明楷．刑法学（下）［M］．北京：法律出版社，2021．

［25］赵秉志主编．刑法解释研究［M］．北京：北京大学出版社，2007．

［26］赵秉志主编．刑法学总论研究述评（1978—2008）［M］．北京：北京师范大学出版社，2009．

［27］中共中央文献研究室编．十八大以来重要文献选编（上）［M］．北京：中央文献出版社，2014．

［28］最高人民法院中国应用法学研究所编．人民法院案例选2006年第2辑（总第56辑）［M］．北京：人民法院出版社，2006．

［29］周光权．刑法各论［M］．北京：中国人民大学出版社，2011．

［30］周光权．刑法各论讲义［M］．北京：清华大学出版社，2003．

［31］周育．合宪性解释研究［M］．上海：上海人民出版社，2021．

［32］［德］卡尔·拉伦茨．法学方法论［M］．陈爱娥译，北京：商务出版社，2003．

［33］［德］卡尔·拉伦茨．德国民法通论（上册）［M］．王晓华，等译，北京：法律出版社，2003．

［34］［德］卡尔·施米特．宪法的守护者［M］．李君韬，苏慧婕译，北京：商务印书馆，2008．

［35］［德］G. 拉德布鲁赫．法哲学［M］．王朴译，北京：法律出版社，2005．

［36］［德］乌尔里希·贝克．风险社会［M］．何博文译，北京：译林出版社，2004．

［37］［德］康拉德·黑塞．联邦德国宪法纲要［M］．李辉译，北京：商务印书馆，2007．

［38］［德］哈贝马斯．在事实与规范之间：关于法律和民主法治国的商谈理论［M］．童世骏译，上海：生活·读书·新知三联书店，2003．

［39］［德］阿图尔·考夫曼．当代法哲学和法律理论导论［M］．郑永流译，北京：法律出版社，2002．

［40］［德］齐佩利乌斯．法学方法论［M］．金振豹译，北京：法律出版社，2009．

［41］［德］克劳斯·罗克辛．德国刑法学　总论（第1卷）：犯罪原理的基础构造［M］．王世洲译，北京：法律出版社，2005．

［42］［德］汉斯·海因里希·耶赛克，托马斯·魏根特．德国刑法教科书［M］．徐久生译，北京：中国法制出版社，2001．

［43］［德］伯恩·魏德士．法理学［M］．丁小春，吴越译，北京：法律出版社，2003．

［44］［日］野村稔．刑法总论［M］．全理其，何力译，北京：法律出版社，2001．

［45］［日］前田雅英．刑法总论讲义［M］．曾文科译，北京：北京大学出版社，2017.

［46］［日］伊东研祐．法益概念史研究［M］．秦一禾译，北京：中国人民大学出版社，2014.

［47］［韩］金日秀，徐辅鹤．韩国刑法总论［M］．郑军男译，武汉：武汉大学出版社，2008.

［48］［英］洛克．政府论（下篇）［M］．叶启芳，瞿菊农译，北京：商务印书馆，1964.

［49］［英］密尔．论自由［M］．顾肃译，南京：译林出版社，2012.

［50］［美］道格拉斯·胡萨克．过罪化及刑法的限制［M］．姜敏译，北京：中国法制出版社，2015.

二、论文类

［1］白斌．宪法价值视域中的涉户犯罪——基于法教义学的体系化重构［J］．法学研究，2013（06）.

［2］白斌．刑法的困境与宪法的解答——规范宪法学视野中的许霆案［J］．法学研究，2009，31（04）.

［3］车浩．"扒窃"入刑：贴身禁忌与行为人刑法［J］．中国法学，2013（01）.

［4］车浩．刑事立法的法教义学反思——基于《刑法修正案（九）》的分析［J］．法学，2015（10）.

［5］车浩．占有不是财产犯罪的法益［J］．法律科学（西北政法大学学报），2015，33（03）.

[6] 陈家林. 法益理论的问题与出路 [J]. 法学, 2019 (11).

[7] 陈晓明. 风险社会之刑法应对 [J]. 法学研究, 2009, 31 (06).

[8] 陈晓明. 刑法上比例原则应用之探讨 [J]. 法治研究, 2012 (09).

[9] 陈兴良. 故意毁坏财物行为之定性研究——以朱建勇案和孙静案为线索的分析 [J]. 国家检察官学院学报, 2009, 17 (01).

[10] 陈兴良. 赵春华非法持有枪支案的教义学分析 [J]. 华东政法大学学报, 2017, 20 (06).

[11] 陈璇. 德国刑法学中结果无价值与行为无价值的流变、现状与趋势 [J]. 中外法学, 2011, 23 (02).

[12] 陈璇. 正当防卫与比例原则——刑法条文合宪性解释的尝试 [J]. 环球法律评论, 2016, 38 (06).

[13] 程红. 论刑法解释方法的位阶 [J]. 法学, 2011 (01).

[14] 杜强强. 论宪法规范与刑法规范之诠释循环——以入户抢劫与住宅自由概念为例 [J]. 法学家, 2015 (02).

[15] 杜新珍. 暴力抢走债权人借条并销毁的行为认定 [J]. 人民司法, 2012 (02).

[16] 冯亚东. 罪刑关系的反思与重构——兼谈罚金刑在中国现阶段之适用 [J]. 中国社会科学, 2006 (05).

[17] 高巍. 国家符号的刑法保护 [J]. 中国法学, 2022 (01).

［18］古承宗．风险社会与现代刑法的象征性［J］．科技法学评论，2013（01）．

［19］何庆仁．我国《刑法》第29条第2款的合宪性解释［J］．政治与法律，2021（08）．

［20］侯健．诽谤罪、批评权和宪法的民主之约［J］．法制与社会发展，2011，17（04）．

［21］胡锦光．论宪法规范的构成要素［J］．法学家，1998（04）．

［22］黄卉．合宪性解释及其理论检讨［J］．中国法学，2014（01）．

［23］黄晓亮．刑法合宪性解释界定的另条路径［J］．国家检察官学院学报，2015，23（05）．

［24］姜涛．法秩序一致性与合宪性解释的实体性论证［J］．环球法律评论，2015，37（02）．

［25］姜涛．批判中求可能：对量刑反制定罪论的法理分析［J］．政治与法律，2011（09）．

［26］姜涛．网络谣言的刑法治理：从宪法的视角［J］．中国法学，2021（03）．

［27］姜涛．宪法上的科研自由与课题经费治理现代化的宪法法理［J］．南京师大学报（社会科学版），2021（03）．

［28］姜涛．在契约与功能之间：刑法体系的合宪性控制［J］．比较法研究，2018（02）．

［29］劳东燕．过失犯中预见可能性理论的反思与重构［J］．中外法学，2018，30（02）．

［30］劳东燕．买卖人口犯罪的保护法益与不法本质——基

于对收买被拐卖妇女罪的立法论审视 [J]. 国家检察官学院学报, 2022, 30 (04).

[31] 劳东燕. 刑法中目的解释的方法论反思 [J]. 政法论坛, 2014, 32 (03).

[32] 劳东燕. 刑事政策与功能主义的刑法体系 [J]. 中国法学, 2020 (01).

[33] 劳东燕. 刑事政策与刑法解释中的价值判断——兼论解释论上的"以刑制罪"现象 [J]. 政法论坛, 2012, 30 (04).

[34] 李兰英, 熊亚文. 刑事从业禁止制度的合宪性调控 [J]. 法学, 2018 (10).

[35] 李松锋. 宪法回避理论及其适用界限 [J]. 清华法学, 2017 (02).

[36] 梁根林. 罪刑法定视域中的刑法适用解释 [J]. 中国法学, 2004 (03).

[37] 梁晓俭. 试论凯尔森基础规范理论的合理性 [J]. 现代法学, 2002, 24 (01).

[38] 林来梵, 朱玉霞. 错位与暗合——试论我国当下有关宪法与民法关系的四种思维倾向 [J]. 浙江社会科学, 2007 (01).

[39] 刘权. 比例原则的中国宪法依据新释 [J]. 政治与法律, 2021 (04).

[40] 刘权. 目的正当性与比例原则的重构 [J]. 中国法学, 2014 (04).

[41] 刘松山. 宪法文本中的公民"政治权利"——兼论刑法中的"剥夺政治权利"[J]. 华东政法学院学报, 2006 (02).

[42] 刘艳红. "风险刑法"理论不能动摇刑法谦抑主义

［J］．法商研究，2011，28（04）．

［43］刘艳红．刑法解释原则的确立、展开与适用［J］．国家检察官学院学报，2015，23（03）．

［44］刘义．彰显宪法与尊重立法——回避宪法判断的司法技术及其法理［J］．浙江社会科学，2022（03）．

［45］柳建龙．合宪性解释原则的本相与争论［J］．清华法学，2011，5（01）．

［46］马春晓．现代刑法的法益观：法益二元论的提倡［J］．环球法律评论，2019，41（06）．

［47］马春晓．中国经济刑法法益：认知、反思与建构［J］．政治与法律，2020（03）．

［48］马俊驹，梅夏英．财产权制度的历史评析和现实思考［J］．中国社会科学，1999（01）．

［49］毛小雨，唐乔君．未经许可经营成品油的行为性质［J］．人民司法，2022（05）．

［50］欧阳本祺，王倩．《刑法修正案（九）》新增网络犯罪的法律适用［J］．江苏行政学院学报，2016（04）．

［51］齐文远．修订刑法应避免过度犯罪化倾向［J］．法商研究，2016，33（03）．

［52］曲新久．《刑法修正案（十一）》若干要点的解析及评论［J］．上海政法学院学报（法治论丛），2021，36（05）．

［53］时延安．刑法规范的合宪性解释［J］．国家检察官学院学报，2015，23（01）．

［54］舒洪水，张晶．法益在现代刑法中的困境与发展——以德、日刑法的立法动态为视角［J］．政治与法律，2009（07）．

［55］苏彩霞．刑法解释方法的位阶与运用［J］．中国法学，2008（05）．

［56］朱苏力．《秋菊打官司》案、邱氏鼠药案和言论自由［J］．法学研究，1996（03）．

［57］苏永生．刑法合宪性解释的意义重构与关系重建——一个罪刑法定主义的理论逻辑［J］．现代法学，2015，37（03）．

［58］孙国祥．集体法益的刑法保护及其边界［J］．法学研究，2018，40（06）．

［59］孙万怀．刑法解释位阶的新表述［J］．学术月刊，2020，52（09）．

［60］田宏杰．比例原则在刑法中的功能、定位与适用范围［J］．中国人民大学学报社，2019，33（04）．

［61］田宏杰．行政犯的法律属性及其责任——兼及定罪机制的重构［J］．法学家，2013（03）．

［62］汪进元．基本权利限制的合宪性基准［J］．政法论丛，2010（04）．

［63］王广辉．论法院合宪性解释的可能与问题［J］．四川大学学报（哲学社会科学版），2014（05）．

［64］王骏．违法性判断必须一元吗？——以刑民实体关系为视角［J］．法学家，2013（05）．

［65］王立志．非法经营罪之适用不宜无度扩张——以零售药店向医疗机构批量售药之定性为视角［J］．法学，2016（09）．

［66］王良顺．预防刑法的合理性及限度［J］．法商研究，2019，36（06）．

［67］王书成．论合宪性解释方法［J］．法学研究，2012，

34（05）.

[68] 王莹. 论行政不法与刑事不法的分野及对我国行政处罚法与刑事立法界限混淆的反思 [J]. 河北法学，2008（10）.

[69] 熊亚文. 比例原则的刑法意义与表达 [J]. 中国政法大学学报，2021（06）.

[70] 闫永安，王志祥. 非法拘禁罪若干问题研究 [J]. 河北法学，2006（11）.

[71] 杨春洗，苗生明. 论刑法法益 [J]. 北京大学学报（哲学社会科学版），1996（06）.

[72] 杨临宏. 行政法中的比例原则研究 [J]. 法制与社会发展，2001（06）.

[73] 姚国建. 宪法是如何介入家庭的？——判例法视角下的美国宪法对家庭法的影响及其争拗 [J]. 比较法研究，2011（06）.

[74] 尹培培. "诽谤信息转发500次入刑"的合宪性评析 [J]. 华东政法大学学报，2014（04）.

[75] 于改之，吕小红. 比例原则的刑法适用及其展开 [J]. 现代法学，2018，40（04）.

[76] 于改之，吕小红. 刑法解释中平等原则的适用 [J]. 比较法研究，2017（05）.

[77] 湛中乐，黄宇骁. 国家科研经费制度的宪法学释义 [J]. 政治与法律，2019（09）.

[78] 张明楷. 法益保护与比例原则 [J]. 中国社会科学，2017（07）.

[79] 张明楷. 网络时代的刑法理念——以刑法的谦抑性为

中心 [J]. 人民检察, 2014 (09).

[80] 张明楷. 污染环境罪的争议问题 [J]. 法学评论, 2018, 36 (02).

[81] 张明楷. 宪法与刑法的循环解释 [J]. 法学评论, 2019, 37 (01).

[82] 张明楷. 刑事立法模式的宪法考察 [J]. 法律科学 (西北政法大学学报), 2020 (01).

[83] 张千帆. 刑法适用应遵循宪法的基本精神——以"寻衅滋事"的司法解释为例 [J]. 法学, 2015 (04).

[84] 张翔. 基本权利冲突的规范结构与解决模式 [J]. 法商研究, 2006 (04).

[85] 张翔. 基本权利的双重性质 [J]. 法学研究, 2015 (03).

[86] 张翔. 两种宪法案件: 从合宪性解释看宪法对司法的可能影响 [J]. 中国法学, 2008 (03).

[87] 张翔. 刑法领域的基本权利冲突及其解决 [J]. 人民检察, 2006 (12S).

[88] 张翔. 刑法体系的合宪性调控——以"李斯特鸿沟"为视角 [J]. 法学研究, 2016, 38 (04).

[89] 张翔, 林来梵, 韩大元, 等. 行宪以法, 驭法以宪: 再谈宪法与部门法的关系 [J]. 中国法律评论, 2016 (02).

[90] 赵秉志, 彭新林. "严重危害社会秩序和国家利益"的范围如何确定——对刑法典第 246 条第 2 款但书规定的理解 [J]. 法学评论, 2009, 27 (05).

[91] 郑海平. 网络诽谤刑法规制的合宪性调控——以

2014—2018 年间的 151 份裁判文书为样本［J］. 华东政法大学学报，2019，22（03）.

［92］郑延谱. 量刑反制定罪否定论［J］. 政法论坛，2014，32（06）.

［93］周光权. 法秩序统一性的含义与刑法体系解释——以侵害英雄烈士名誉、荣誉罪为例［J］. 华东政法大学学报，2022，25（02）.

［94］周光权. 论常识主义刑法观［J］. 法制与社会发展，2011，17（01）.

［95］周光权. 刑法解释方法位阶性的质疑［J］. 法学研究，2014，36（05）.

［96］周光权. 刑事司法领域的宪法判断与刑法制度文明［J］. 中国社会科学，2022（08）.

［97］周佑勇，伍劲松. 论行政法上之法律保留原则［J］. 中南大学学报（社会科学版），2004（06）.

［98］［德］斯特凡·科里奥特. 对法律的合宪性解释：正当的解释规则抑或对立法者的不当监护？［J］. 田伟译，华东政法大学学报，2016，19（03）.

［99］［德］克劳斯·罗克辛. 对批判立法之法益概念的检视［J］. 陈璇译，法学评论，2015，33（01）.

［100］［德］G. 雅各布斯. 刑法保护什么：法益还是规范适用？［J］. 王世洲译，比较法研究，2004（01）.

三、报纸类

［1］孙航. 中国工程院院士李宁等贪污案二审宣判［N］.

人民法院报，2020 – 12 – 09.

[2] 夏勇. 美国刑法的宪法制约及启示［N］. 检察日报，2002 – 09 – 20.

[3] 赵兴武，杜慧，秦研. 南京一副教授聚众淫乱获刑三年半［N］. 人民法院报，2010 – 05 – 21.